LÉGENDES
POUR LES ENFANTS

ARRANGÉES

PAR PAUL BOITEAU

ET ILLUSTRÉES DE 42 VIGNETTES

PAR BERTALL

DEUXIÈME ÉDITION

PARIS

LIBRAIRIE DE L. HACHETTE ET Cie

RUE PIERRE-SARRAZIN, N° 14

—

1861

Droit de traduction réservé

LÉGENDES

POUR LES ENFANTS

PARIS. — IMPRIMERIE DE CH. LAHURE ET Cⁱᵉ
Rues de Fleurus, 9, et de l'Ouest, 21

PRÉFACE DE LA PREMIÈRE ÉDITION.

Ce volume contient six légendes qui, les unes, sont tirées de la *Bibliothèque bleue* et, les autres, sont écrites ici pour la première fois.

Ces légendes sont : *Le roi Dagobert, Geneviève de Brabant, Robert le Diable, Jean de Paris, Griselidis* et *le Juif errant*.

La première et la dernière de ces légendes sont celles qui ne font pas partie de la *Bibliothèque bleue*. Toutes les autres y figurent, et à peu près dans l'état où nous les avons reproduites.

La *Bibliothèque bleue*, qui n'est guère connue aujourd'hui que par le souvenir, a joué un fort grand rôle dans l'histoire des lectures populaires et des amusements de l'enfance. Pendant plus de deux siècles, le dix-septième et le dix-huitième, elle a été une encyclopédie toute spéciale des romans, légendes, fabliaux, chansons et satires de notre pays. La couverture bleue qui était la simple parure des divers ouvrages dont elle était d'abord composée, invariablement reproduite, avait fini par donner un nom de couleur à ces ouvrages et à la Bibliothèque elle-même, et ce n'était là qu'un nouvel attrait pour l'imagination des lecteurs naïfs.

II

Il y a en effet, et cela se sent surtout lorsqu'on est jeune, un langage particulier dans certains mots qui affectent un air de mystère. Qu'est-ce qu'un conte bleu? Comment une histoire peut-elle être bleue ? Voilà ce que l'enfant demande et ce qui l'étonne. Il s'attache à la recherche de ce problème singulier; il regarde le récit qui lui est fait comme un récit d'un ordre surnaturel, et un plaisir étrange assaisonne sa lecture.

Je me souviens des jouissances extraordinaires qui, en mon tout jeune âge, me surprenaient devant ces livres d'une littérature si originale et de toutes manières si bien faite pour émouvoir l'âme et plaire à l'esprit des enfants ou des villageois. Le titre seul, la vue seule d'un conte bleu me ravissait au milieu de je ne sais quel monde qui n'était pas celui des fées, que je distinguais bien, qui était plus humain, plus vrai, un peu moins bruyant, un peu plus triste, et que j'aimais davantage.

Les contes de fées amusent, mais ils ne charment pas; les contes bleus, qui donnent moins de gaieté, remuent le cœur. On entre peu à peu, avec ces récits, dans le domaine de l'histoire. Ce sont des mensonges; mais ces mensonges ont, en quelque sorte, des racines dans la vérité. Il y a des époques peintes, des caractères tracés, et tout un pittoresque naturel dans ces légendes qui n'ont fait défaut à aucun peuple. La vie de nos pères nous apparaît au travers de ces peintures; nous nous la rappelons sans l'avoir connue, et, tout jeunes, nous apprenons à aimer religieusement les hommes d'autrefois.

III

La *Bibliothèque bleue* a obtenu un succès incomparable. C'est Jean Oudot, libraire de Troyes, qui dès les premières années du seizième siècle, sous Henri IV, eut l'idée de recueillir et de publier successivement, à l'usage des campagnes, les légendes chevaleresques de la vieille France.

Le moment était merveilleusement choisi. La vie ancienne de la France avait cessé et le travail de transformation commençait qui allait, au dix-septième siècle, réduire et limiter tout à fait, dans les mœurs et dans la langue, la part des vieilles mœurs et du vieux langage. Le moyen âge était enseveli ; le monde nouveau naissait. C'était l'heure propice pour les contes qui parlaient des héros de l'âge anéanti.

La *Bibliothèque bleue* parut ; elle était composée de volumes qui, presque tous, étaient des in-quarto, d'un format semblable à celui du *Messager de Bâle*, ou du *Messager de Strasbourg*, imprimés sur le même gros papier et revêtus de la même couverture bleu foncé.

En 1665, le fils de Jean Oudot, Nicolas, ayant épousé la fille d'un libraire de Paris, vint s'établir rue de la Harpe, à l'image de *Notre-Dame*, et, devenu libraire parisien, agrandit le cercle de ses entreprises et de ses affaires. De cette époque datent la plupart des publications qui ont fait la fortune de la Bibliothèque.

Lorsque Nicolas fut mort, la veuve Oudot continua son commerce avec habileté. Elle eut divers successeurs qui, comme elle et comme les fondateurs de la *Bibliothèque bleue*, vécurent des profits de la popularité qui s'était attachée à ces ouvrages. L'un des principaux de ces successeurs est le libraire Garnier, de Troyes. C'est à Troyes surtout qu'on a continué l'impression des volumes détachés de la *Bibliothèque bleue* dont, encore aujourd'hui, les campagnes consomment des milliers d'exemplaires.

En 1770, un très-médiocre écrivain nommé Castillon, songea à publier, en un même corps d'ouvrage, ces contes rajeunis par lui; il s'avisa malheureusement d'y ajouter des situations nouvelles et des épisodes nouveaux.

En 1843 M. Le Roux de Lincy, sous le titre de *Nouvelle Bibliothèque bleue* ou *Légendes populaires de la France*, a publié, en un volume, *Robert le Diable*, *Richard sans Peur*, *Jean de Paris*, *Jean de Calais*, *Geneviève de Brabant*, *Jehanne d'Arc* et *Griselidis*. Nous n'avons pas l'intention de critiquer un travail qui nous a été fort utile ; mais nous pouvons dire pourquoi nous avons cru ne pas devoir suivre tout à fait la même voie que M. Le Roux de Lincy. Peut-être *Richard sans Peur*, très-joli conte, cela est vrai, fait-il un peu double emploi avec le conte de *Robert le Diable* qui, du reste, paraît être l'œuvre du même auteur ? *Jean de Calais* est bien loin d'avoir la grâce et le vif esprit du récit des aventures de *Jean de Paris* ; c'est d'ailleurs une œuvre beaucoup plus récente, et d'un style qui n'a point de qualités ; enfin la légende de *Jehanne d'Arc* est assez insignifiante. Nous avons donc écarté d'abord *Jehanne d'Arc*, *Jean de Calais* et *Richard sans Peur*.

V

« Bien loin d'imiter Castillon, disait M. Le Roux de Lincy, je me suis appliqué à reproduire les textes de l'ancienne *Bibliothèque bleue*. Il faut respecter cette version admise par le peuple ; elle est sacramentelle et nous a conservé la mémoire de nos plus anciennes traditions. En effet, quand on lit le catalogue de Nicolas Oudot, on y retrouve avec plaisir tous ces récits dans lesquels se sont perpétuées les légendes, ou sacrées ou profanes, qui ont été célèbres en Europe pendant le moyen âge. On doit considérer la *Bibliothèque bleue* comme étant la dernière forme de cette littérature romanesque si nécessaire à bien connaître quand on veut comprendre la vie privée de nos aïeux. »

Pour nous qui ne songions point à imprimer un recueil pour les archéologues et les bibliophiles, mais qui nous adressions aux enfants, nous n'avons pas dû leur présenter ces légendes telles quelles, dans leur appareil archaïque et avec leurs erreurs elles-mêmes. Nous n'avons introduit ni épisodes, ni situations ; mais nous avons, sans détruire la physionomie de chaque récit, retranché tout ce qui est tombé en désuétude dans le style ; et nous avons fait que rien ne s'y rencontrât qui aujourd'hui même ne se pût écrire.

De cette manière le volume entier a un même aspect et il n'enseignera point aux enfants plusieurs langues.

Nous n'avons d'ailleurs eu que des modifications bien légères à introduire dans ces textes pour les amener à une harmonie suffisante, et, si nous nous sommes permis de faire suivre chaque légende d'une sorte de moralité, à la manière de Perrault, c'est là un caprice qui n'a rien de sacrilége.

La *Bibliothèque bleue*, entre autres ouvrages, renfermait : *L'Histoire des quatre fils Aymon;* — *Huon de Bordeaux* (en deux parties qui se vendent séparément, dit le catalogue); — l'*Histoire de Mélusine ancienne;* — l'*Histoire de Valentin et Orson;* — *Les conquêtes du roy Charlemagne;* — *Fortunatus;* — le *Roman de la belle Hélène;* — l'*Histoire de Pierre de Provence et de la belle Magdelone;* — *Le fameux Gargantua*.

Nous aurions pu choisir quelqu'une de ces légendes; mais il nous a semblé que celles que nous réimprimions suffisaient, et nous avons voulu donner quelque nouveauté à notre volume. C'est pour cela que nous y avons introduit deux légendes d'une nature et surtout d'une origine différente.

L'histoire de Dagobert et du Juif errant nous appartiennent donc en propre, pour ce qui est du récit. Nous n'avons pas cherché à faire un pastiche du style des autres contes, et nous avons tout uniment écrit les nôtres de la manière qui nous a paru le mieux appropriée aux sujets.

Les petites notices qui précèdent chacune de ces histoires donneront des détails particuliers à ceux qui croiront à propos de les lire. Nous n'avons songé à faire ni un livre d'érudition pure, ni un livre de pure imagination. Notre seul désir a été de donner à lire aux enfants quelques légendes variées qui ont enchanté notre enfance, et notre espoir est qu'ils s'y plairont comme nous.

VII

> Si Peau d'Ane m'était conté,
> J'y prendrais un plaisir extrême,

a dit le plus habile des conteurs, La Fontaine.

> On a banni les démons et les fées,

disait, avec l'expression d'un vif regret, Voltaire, et il ajoutait :

> Ah ! croyez-moi, l'erreur a son mérite [1].

Nous pourrions recueillir ainsi, en faveur des contes, de fort nombreux et fort éloquents témoignages. L'auteur de *Don Quichotte*, Cervantes, l'ennemi le plus redoutable qui ait croisé la plume contre l'épée de la chevalerie, fait dire à un cabaretier :

« Est-ce qu'il y a une meilleure lecture au monde ? J'ai lu deux ou trois de ces livres, et je puis bien assurer qu'ils m'ont donné la vie ; et non-seulement à moi, mais encore à beaucoup d'autres. Car, dans la saison des blés, il vient ici quantité de moissonneurs,

---

1. O l'heureux temps que celui de ces fables,
Des bons démons, des esprits familiers,
Des farfadets, aux mortels secourables !
On écoutait tous ces faits admirables
Dans son château, près d'un large foyer.
Le père et l'oncle, et la mère et la fille ;
Et les voisins, et toute la famille,
Ouvraient l'oreille à monsieur l'aumônier,
Qui leur faisait des contes de sorcier.
On a banni les démons et les fées ;
Sous la raison les grâces étouffées
Livrent nos cœurs à l'insipidité ;
Le raisonner tristement s'accrédite,
On court, hélas ! après la vérité :
Ah ! croyez-moi, l'erreur a son mérite.

les jours de fête ; et comme il s'en trouve toujours quelqu'un qui sait lire, nous nous mettons vingt ou trente autour de lui ; et nous nous amusons si bien, qu'il ne peut finir de lire, ni nous de l'entendre. Il ne faut point que je mente : quand j'entends parler de ces terribles coups que donnent les chevaliers errants, je meurs d'envie d'aller chercher les aventures, et je ne m'ennuierais pas d'entendre lire les jours et les nuits. »

Ce cabaretier-là ne dit rien qui ne soit l'exacte vérité. Et je citerais tel vigneron des vignes de la Franche-Comté qui n'a qu'un livre pour toute bibliothèque, les *Aventures des quatre fils Aymon*. Ce livre est même le seul volume du village. Au printemps, l'herbe pousse, le soleil luit dans l'herbe, les fleurs sourient au soleil ; cela va bien, on est aux champs ; l'été, la vigne fleurit et porte fruit ; en automne, c'est la vendange et la pressée. Mais l'hiver, dans les longues veillées, là où il n'y a ni chanvreurs, habiles à dire des histoires, comme dans le Berri, ni colporteurs de passage, le vigneron prend son livre dans la huche ; il le lit tout entier ; lu, il le recommence, et il le relit tous les hivers. Le village entier assiste à ses lectures. Je vous assure que dans vingt ans, si le volume n'est pas trop déchiré, on le lira encore, sans ennui, avec une joie toujours aussi vive.

Paul BOITEAU.

1857, au printemps.

LE ROI DAGOBERT

NOTICE.

Les moines du moyen âge, dans le silence de leurs couvents, ont recueilli la plupart des vieilles légendes et des vieilles chansons qui, avant eux et jusqu'à eux, rappelaient le souvenir des anciens personnages célèbres de cette Gaule franque qui devait devenir la France. Ces légendes et ces chansons, altérées par le temps comme une monnaie par l'usage, ne laissaient guère deviner que quelques-uns des traits de ces rois, de ces guerriers, de ces évêques d'autrefois; mais les moines qui, en ce temps-là, ne savaient pas ce que c'est que la critique, acceptaient cela pour de l'histoire. Ainsi ont été écrites les *Grandes chroniques de Saint-Denis*; ainsi ont été composées les *Gesta Dagoberti* ou les *Faits et gestes de Dagobert*, qui sont les deux principales sources de la présente légende.

Les moines que Dagobert a protégés et enrichis (ceux de Saint-Denis particulièrement), lui ont gardé quelque reconnaissance. Ils ont eu soin de ne pas le traiter plus mal que les chansons ne le traitaient; ils ont même ajouté quelque chose à ces chansons. Par exemple, les miracles qui ont une couleur religieuse et que nous n'avons pas dû négliger.

Nous aurions voulu paraphraser plus largement la chanson populaire; mais il aurait fallu pour cela sortir tout à fait de l'histoire vraisemblable, et nous ne voulions pas faire ce sacrifice à des couplets qui ne datent pas de plus d'un siècle, et qui, privés de leur air, ne sont pas un chef-d'œuvre d'espièglerie[1].

Nous nous en sommes donc tenu, à peu de chose près, au texte des deux ouvrages que nous indiquions tout à l'heure. Si nous avons emprunté un ou deux traits ailleurs, ç'a été pour que le tableau des mœurs du temps, même en une fable historique, eût une couleur plus marquée.

Il eût été facile de se laisser entraîner, si on eût voulu, à propos de saint Éloi ou de saint Ouen, à analyser et à fondre en un même récit toutes les historiettes que les écrivains religieux ont de tout temps composées en leur honneur. C'est par douzaines que se comptent les biographies, latines ou françaises, de ces bienheureux évêques. Nous n'avons pas été séduit par le luxe des merveilleuses actions qui s'y trouvent décrites et nous en avons cru l'exposition trop monotone. On remarquera peut-être dans ce récit un épisode ingénieux dont l'idée première ne nous appartient pas et qui a été mis en scène par un maître en l'art de conter (Alexandre Dumas : *Impressions de voyage en Suisse*) : nous aurions bien voulu lui prendre aussi son style et nous lui offrons ici nos

---

1. Il y a comme cela cinq ou six chansons très-fameuses qu'il ne faut pas regarder de trop près si l'on ne veut pas qu'elles perdent leur charme. La chanson du *bon roi Dagobert et du grand saint Éloi* est peut-être celle qu'il faut se rappeler du plus loin. On ne s'explique même pas bien la fortune de ces couplets que le premier venu a écrits sans rimes ni raison et sans beaucoup d'esprit. Il faut que l'air sur lequel on les chante soit très-ancien et qu'il retentisse depuis quelques centaines d'années, matinal et sonore comme un chant de cor de chasse, dans la mémoire des générations. C'est l'air qui est gai et qui parle un langage; la chanson, sauf votre respect, est assez bête.

remercîments pour la gracieuse façon qu'il a de permettre aux gens d'entrer dans son pré.

Peut-être doutera-t-on de l'authenticité de quelques-uns des événements que nous disons puisés dans des vieilles chroniques? Nous ne nous opposons pas à ce qu'on en doute, et nous demandons seulement qu'on ait quelque indulgence pour une légende qui est écrite ici pour la première fois.

LE ROI DAGOBERT.

I

La chanson du bon roi Dagobert et du grand saint Éloi

Tout le monde connaît la chanson du bon roi Dagobert et du grand saint Éloi. Cette chanson rappelle le souvenir d'un roi qui fut un chasseur sans pareil et d'un grand saint qui a fait quelques actions mémorables; il n'y a pas en France d'ancien roi et de saint plus populaires. Le bon roi Dagobert est l'ami des petits enfants, et le grand saint Éloi voit briller son image sur l'enseigne de tôle de tous les maréchaux ferrants des campagnes.

Lorsque le cor de chasse, au fond des bois, entonne l'air joyeux de la chanson, l'imagination se met bien vite en train. Tous les couplets défilent, l'un après l'autre, comme une procession de mascarade. On croit voir le bon roi Dagobert et le grand saint Éloi qui se promènent familièrement; on sourit à l'aspect de la culotte du monarque; on aperçoit bientôt son bel habit vert percé au coude, ses bas qui laissent voir les mollets, sa barbe mal faite, sa perruque ébouriffée, son manteau court, son chapeau mis de travers; on suit le roi lorsqu'il va chasser « dans la plaine d'Anvers » et qu'un lapin lui fait peur; lorsqu'il demande un grand sabre de bois à la place de son grand sabre de fer; lorsqu'il envoie au lavoir ses chiens galeux, et en bien d'autres circonstances que la chanson aurait pu laisser de côté. Mais ces images singulières ne sont pas tout à fait d'accord avec la vérité. Ce bon roi Dagobert, si étourdi, si peu soigneux de sa personne, mangeur si avide, buveur si infatigable, chasseur si effarouché, guerrier si timide, si pacifique ami de saint

Éloi, si prompt à la riposte enjouée, ce Dagobert-là ne ressemble guère au véritable Dagobert Ier, fils du cruel Chlother II, petit-fils de la cruelle Frédégonde, roi des Franks de Neustrie, d'Austrasie, de Bourgogne et d'Aquitaine.

Si l'on en croit la chanson, la France n'a jamais eu de roi plus débonnaire; si l'on interroge l'histoire, peu de princes ont été plus terribles. Adieu

ponc, petite chanson mensongère; va réjouir les échos des forêts; va faire trembler les petits oiseaux dans leurs nids. Voici l'histoire véridique du roi Dagobert.

II

Enfance de Dagobert, fils du roi Chlother et de la reine Berthetrude.

Dagobert, à un an, était un enfant joufflu, déjà très-vif, très-impatient, qui courait à merveille, sans se soucier des chutes, et qui s'occupait beaucoup moins de sa nourrice, de sa mère et de son père que des chiens qu'il rencontrait. Aussitôt qu'il en voyait un, si laid qu'il fût, il le prenait dans ses bras, le couvrait de caresses, et lui parlait un petit langage que le chien comprenait très-bien. Les gens

habitués à tirer de tout des pronostics, jugeaient par là qu'il aimerait avec passion l'exercice de la chasse. Mais il suffisait de voir le bambin trépigner, remuer les bras, pousser des cris lorsqu'on avait le malheur de lui refuser quelque chose qu'il convoitait, une grappe de raisin doré ou une galette de blé noir, pour conjecturer que son humeur ne serait pas toujours des plus accommodantes. Il aimait les vêtements éclatants, tels que pouvaient alors les porter les enfants des rois. Il est inutile de dire que Dagobert avait la longue chevelure et le grand pied, le pied formidable, le pied monumental des Mérovingiens. Ce pied était son arme favorite; et ceux qui en avaient pu connaître la solidité et la vivacité ne s'exposaient plus au mécontentement de l'enfant royal.

Chlother II, père de Dagobert, avait d'abord confié l'éducation de son fils à l'Austrasien Arnulph qui était le plus sage des hommes; mais Arnulph, élu évêque de Metz, se retira bientôt de la cour et alla dans son évêché où il vécut dans la pratique de toutes les vertus. L'Église le vénère sous le nom de saint Arnould. Assurément, si Dagobert avait pu suivre jusqu'au bout les leçons d'un tel maître, il ne les aurait jamais oubliées; mais ce fut un très-méchant homme, nommé Sadragésile, qui fut choisi par Chlother pour succéder à Arnulph dans les fonctions de gouverneur du jeune prince. On avait réuni autour de Dagobert une dizaine d'enfants de son âge, les uns fils de quelques officiers du roi, les autres simples petits bergers. Toute cette bande vivait en plein air, dans les cours du palais, qu'elle faisait retentir de ses cris et de ses jeux bruyants. Dagobert s'était lié plus particulièrement avec les petits bergers, qui le respectaient par crainte de son grand pied, et il les employait à battre leurs camarades lorsque ceux-ci s'avisaient de lui déplaire.

En ce temps-là on était beaucoup moins savant qu'aujourd'hui. Les leçons que reçut Dagobert se réduisirent donc à fort peu de chose ; il apprit seulement à chanter au lutrin, à lire ses prières, à écrire un peu et à compter à la romaine ; mais, quoiqu'il ne fût ni docile ni laborieux, il se faisait remarquer par une intelligence vive et claire. Pour ce qui est des exercices du corps, aucun de ses jeunes compagnons n'avait plus d'agilité et plus de force. Il montait à cheval dès l'âge de quatre ans ; à sept ans, il chassait seul ; à dix ans, d'un coup d'épieu il tuait net un sanglier. Son embonpoint précoce ne l'empêchait nullement de courir, de sauter les fossés, de monter dans les arbres.

Quand il se promenait dans les villages qui entouraient les métairies royales, il s'arrêtait où bon lui semblait et vivait sans façon sous le toit de chaume du paysan ; mais il ne fallait pas que les gens, le voyant si familier, s'oubliassent et lui manquassent de respect. Il se faisait, dans ce cas, prompte justice.

Un jour qu'il avait tendu un piége à un loup et pris la bête, passa par là un grand vaurien qui, voyant la fosse et entendant le loup, voulut le tuer et l'emporter. Il ne savait pas que les trois petits chasseurs qui étaient là étaient Dagobert et deux de ses amis, et, quand il les aurait connus, il ne pensait pas que trois enfants de cet âge pussent l'empêcher d'en faire à sa tête. « Je te défends d'y toucher, » dit Dagobert dès qu'il vit quelle était son intention. « Tiens ! le beau donneur d'ordres ! » répondit le grand rustre. « Si tu y touches, tu auras affaire à moi. — Voilà qui m'effraye ! Est-ce que tes camarades n'ont rien, non plus, à me dire ? — Vois ce que tu veux faire. »

Le rustre allait tuer le loup ; mais Dagobert, prenant sa petite hache de chasse qui était cachée dans l'herbe, s'élança sur lui et lui porta un coup qui le

fit tomber. On accourut aux cris, on reconnut Dagobert, et on fut étonné de voir quel homme il avait mis à la raison. C'était l'un des plus redoutés coureurs de bois, un voleur de grands chemins, que l'on cherchait depuis tantôt un an, et une récompense considérable avait été promise à celui qui parviendrait à se saisir de lui. Dagobert reçut la récompense et fut grandement loué par le roi Chlother.

D'autres fois on le voyait couché sur le fumier avec les poules, prenant dans sa main les petits poulets, leur donnant du grain, du pain trempé, et, lorsqu'ils piaulaient trop, les plaçant dans sa robe. C'était alors le plus doux et le plus gai des enfants.

Cependant Sadragésile ne l'aimait pas : il disait que sa douceur était de la paresse et sa valeur de la férocité.

II

Commencement de l'histoire du grand saint Éloi.

Avec le temps, Dagobert grandissait et se fortifiait ; mais laissons-le grandir, et, sans raconter minutieusement tous les détails de son adolescence, parlons tout de suite de saint Éloi qui arriva vers cette époque à la cour du roi Chlother II et qui devait jouer un si grand rôle sous le règne de son fils.

Eligius (c'est le nom en latin de messire Éloi) était un petit paysan du Limousin, né à Cadaillac, à ce qu'on croit, un enfant de la vieille Gaule, plein d'esprit et en même temps d'une fort belle humeur. Sa gentillesse l'avait fait prendre en amitié par un orfèvre de Limoges qui l'instruisit dans son métier et lui fit faire des progrès si rapides qu'en peu de temps il n'eut plus rien à lui apprendre.

Ce qui prouve qu'il y a ressource à tout mal et que tel qui a commencé par être d'un naturel présomptueux s'amende à la fin, c'est l'exemple de saint Éloi qui, en sa jeunesse, avait beaucoup d'orgueil. Voici à quelle occasion et de quelle éclatante manière il fut remis dans les voies de la sagesse.

Éloi venait de quitter l'orfévre son maître; mais comme il n'avait pas assez d'argent pour ouvrir une boutique d'orfévrerie, en attendant mieux, il se fit maréchal ferrant.

Jamais on n'avait vu maréchal qui fût digne de dénouer les cordons de ses souliers.

Avec son marteau, sa tenaille et son enclume, il faisait des merveilles incomparables. Les fers qu'il forgeait (et il les forgeait sans les chauffer plus de trois fois) avaient exactement le brillant de l'argent poli et ils étaient d'un dessin plein d'élégance. Les clous qu'il préparait pour clouer ses fers étaient taillés comme des diamants. Un fer à cheval fabriqué et placé par Éloi était un véritable bijou qu'on admirait dans toute l'étendue des divers royaumes des Francs. L'orgueil le saisit lorsqu'il vit que son nom jouissait d'une si grande renommée; il se fit peindre sur sa porte ferrant un cheval et il fit écrire au-dessus de l'enseigne : *Éloi, maître sur maître, maître sur tous.*

On fut bien étonné un beau matin de voir cette enseigne; peu après on s'en plaignit; les maréchaux ferrants de toute l'Europe murmurèrent;

enfin le bruit de ces plaintes et de ces murmures monta jusqu'au ciel. Dieu n'aime pas les gens qui ne savent pas dominer leur orgueil, et il se plaît souvent à les humilier.

Un matin, pendant que saint Éloi achevait un fer, le plus élégant et le plus brillant de tous ceux qu'il avait fabriqués, il vit un jeune homme, vêtu d'un costume d'ouvrier, qui se tenait sur le seuil de sa porte et le regardait travailler. La matinée était belle et fraîche; le soleil éclairait de grandes pièces d'avoine devant la maison de saint Éloi; il y avait encore un peu de rosée dans les touffes d'herbes qui couvraient la chaussée. Tout cela fit que saint Éloi se trouva de bonne humeur et demanda à l'inconnu d'un ton assez aimable ce qu'il voulait de lui. « Je voudrais voir si tu es un maître sans égal, comme le disent ta renommée et ton enseigne.

— A quoi te servira de le savoir?

— A cela que, si je vois que tu es plus habile que moi, je me mettrai à ton école.

— Tu es donc bien habile?

— Je le suis assez pour croire qu'on ne peut l'être davantage.

— Tu n'as donc jamais vu ce que je fais?

— Je viens ici pour te voir à l'œuvre.

— Alors c'est un défi?

— Sans doute.

— Et combien de fois chaufferas-tu un fer comme celui-ci? Tu sais que je n'ai besoin que de trois chaudes.

— Trois chaudes! c'est deux de trop..

— Pour le coup, mon ami, je crois que tu es un peu fou..

— Eh bien, laisse-moi entrer. »

L'inconnu prend un morceau de fer, le met dans la forge, souffle le feu, tourne et retourne son fer, l'arrose, le retourne encore, le retire, le porte sur l'enclume. C'est un morceau d'argent irisé de veines bleues, de veines jaunes, de veines roses, doux et souple comme une cire; il le prend, et, de la main, du marteau, il le façonne sans le remettre dans la forge. En un instant le fer à cheval est achevé et cambré, ciselé comme un bracelet.

Éloi n'en peut croire ses yeux.

« Il y a, dit-il, quelque sortilége.

— Non; mais je suis, comme tu le vois, passe maître dans le métier.

— Mais ce fer ne peut être solide.

— Examine-le. »

Éloi prit le fer et l'examina; il n'y vit aucun défaut.

« Allons, dit-il, je n'y comprends plus rien, mais sais-tu ferrer la bête?

— Donne-moi un cheval. »

Eloi appela un charretier du voisinage qui amena son cheval, et le voulut, comme c'est la coutume, placer au travail, c'est-à-dire dans l'appareil de bois qui retient le cheval pendant qu'on le ferre.

« A quoi bon ? dit le jeune maréchal.

— Comment ! à quoi bon ? mais l'animal ne se laissera pas faire sans cela.

— Je sais le moyen de le ferrer proprement et promptement. »

Éloi, au comble de l'étonnement, ne savait que dire ; son rival s'approcha de la bête, lui prit la jambe gauche de derrière, la coupa d'un coup de couteau sans qu'aucune goutte de sang fût versée, mit le pied coupé dans l'étau, y cloua le fer en une seconde, desserra le pied ferré, le rapprocha de la jambe, le recolla d'un souffle, fit la même opération pour la jambe droite, et la fit encore pour les deux jambes de devant. Tout cela en moins de temps qu'il n'en faut pour le dire.

« Tu vois, dit-il en finissant, que je m'en tire bien.

— Oui ; mais je connaissais ce moyen-là ; seulement....

— Seulement ?

— Je préférais la méthode ordinaire.

— Tu avais tort, » ajouta en riant l'inconnu.

Éloi ne pouvant se résoudre à s'avouer vaincu, dit à ce singulier maréchal de passage : « Reste avec moi ; je t'apprendrai quelque chose tout de même. »

L'autre consentit. Éloi, l'ayant installé, l'envoya presque aussitôt dans un village voisin sous prétexte de le charger d'un message, et attendit qu'il passât

un cheval à ferrer pour faire ce qu'il avait vu faire et soutenir sa renommée.

Cinq minutes après, un cavalier armé de toutes

pièces s'arrêta devant la boutique et dit à Éloi de ferrer son cheval, qui s'était déferré d'un pied de derrière. Éloi, au comble de la joie, s'approcha du cheval après avoir affilé son couteau. Le cavalier sourit; mais Éloi ne s'en aperçut pas; il prit la jambe déferrée et la coupa. La bête pousse sur-le-champ des hennissements pleins de douleur, le sang coule à flots, le cavalier s'emporte. Éloi, bien que surpris, ne voulut pas montrer sa honte. « Attendez, dit-il, cela ne sera pas long, et c'est la méthode la meilleure. »

Puis il mit le pied coupé dans l'étau, cloua le fer, et voulut recoller le pied ferré.

Le cheval était en fureur; le sang coulait toujours; déjà l'on voyait que la pauvre bête allait mourir.

« Ah! s'écriait le cavalier en colère, voilà une plaisante enseigne : *Éloi, maître sur maître, maître sur tous*. Si c'est là ta science, elle ne vaut pas grand'chose et te coûtera cher. »

Éloi, désespéré, ne savait à quel saint se vouer, lorsque son nouveau compagnon revint du village où il l'avait envoyé.

« Vois, lui dit-il d'un ton triste, vois la besogne que j'ai faite. Je suis puni pour m'être cru aussi habile que toi.

— Ce n'est rien, répondit l'autre; je vais réparer le mal. »

En un instant, la jambe coupée fut remise en bon

état, et le cheval rétabli. Ce que voyant, Éloi avait pris une échelle et un marteau; sur l'échelle il monta jusqu'à son enseigne; avec le marteau, il la brisa

en mille pièces et dit : « Je ne suis pas maître sur maître; je ne suis plus qu'un compagnon. »

Le cavalier était à cheval; l'ouvrier inconnu,

transfiguré soudainement, jeune, beau, brillant, la tête ceinte d'une auréole, monta en croupe, et dit à Éloi d'une voix qui répandait des parfums dans les airs et chantait comme la douce musique des orgues : « Éloi, tu t'es humilié ; je te pardonne. Dieu seul est le maître des maîtres. Marche dans les sentiers de l'Évangile ; sois doux et juste; je ne t'abandonnerai pas. »

Éloi voulut se jeter à genoux. L'ange et saint Georges, qui était le cavalier armé de toutes pièces, avaient déjà disparu.

A partir de ce jour, Éloi n'eut plus d'orgueil.

IV

Suite de l'histoire de saint Éloi.

Éloi, devenu orfévre au bout de peu de temps imagina et fabriqua, comme par enchantement, les plus belles parures. Dieu, qui l'avait corrigé, guidait et faisait réussir ses efforts. En même temps qu'il étonnait tout le monde par son habileté, Éloi consacrait une grande part de son temps à des œuvres de piété et de charité. Dans tous le pays du Limousin on ne parlait que de ses vertus, de sa générosité, de sa patience et aussi de sa douce gaieté qui, plus que tout le reste, consolait les malheureux.

Un officier du roi Chlother II, émerveillé de ce

qu'il lui voyait faire, parla de lui et le décida à se rendre dans le nord de la Gaule franque. Il avait alors vingt-neuf ou trente ans. Éloi partit et fut présenté au roi, qui l'employa d'abord à la fabrication de ses monnaies. Chlother eut un jour envie

d'un fauteuil d'orfévrerie fine; il fit appeler Éloi et fit peser devant lui une grande quantité d'or à côté duquel on plaça un grand nombre de pierres précieuses. Éloi emporta ces riches matières dans son atelier. Au bout d'un mois il demanda à Chlother la permission de lui montrer ce qu'il avait fait. « Si vite ! dit le roi ; il paraît que tu ne t'es pas fort appliqué à ton ouvrage et que tu as oublié que c'est pour moi que tu travaillais. Enfin, voyons cela. » Un fauteuil, d'un travail très-ingénieux, est alors dépouillé de son enveloppe ; tout le monde pousse des cris d'admiration ; le roi est ravi. « Seigneur, dit Éloi, ne ferez-vous point peser le fauteuil, afin de savoir si j'ai employé toute la matière ? — Oh ! dit Chlother, je vois bien que tu as une bonne conscience et que tu n'as rien gardé pour toi. » Sur un signe d'Éloi, deux ouvriers apportent un second fauteuil aussi beau, si ce n'est plus beau que le premier. « Voilà, dit Éloi, ce que votre serviteur a pu faire avec l'or et les pierreries qui lui restaient. » Les Francs qui étaient là n'en voulaient pas croire leurs yeux ; le roi lui prit la main en disant : « Mon ami, à partir de ce jour tu logeras avec moi. Fais venir à Rueil[1] tes outils et tes serviteurs : j'irai de temps en temps m'amuser à voir comment tu t'y prends pour créer toutes ces merveilles. » En effet, à partir de ce jour, Éloi fût l'ami de Chlother II, de sa femme, de son fils Dagobert et généralement de tout le monde.

1 Rueil est un des plus anciens villages des environs de Paris. Grégoire de Tours en a parlé. On l'appela successivement Rotolajum, Rotolajensis Villa, puis Riolium ou Ruoilum et enfin Ruellium. Les rois de la première race y avaient une grande métairie et des ateliers de toute sorte.

V.

Comment Dagobert aimait la chasse passionnément.

Il n'est pas difficile d'imaginer quelle fut la première jeunesse de Dagobert. La vie des grands personnages du septième siècle ne ressemblait pas beaucoup à la nôtre. Ils passaient la moitié de leur journée à la chasse, accompagnés d'une foule de serviteurs qui leur faisaient comme une armée, et le reste du temps devant leur table, sur laquelle fumaient à la fois les grands quartiers de venaison rôtis et les larges vases pleins de cervoise et d'hydromel. Dagobert, de très-bonne heure, prit goût à ces longs repas et à ces robustes exercices. Il n'était encore qu'un jeune enfant qu'il montait à cheval et suivait son père à la poursuite des daims, des élans, des sangliers et des cerfs qui remplissaient nos forêts.

Avec les années les forces lui vinrent vite et ce fut l'un des plus déterminés chasseurs parmi les Francs. Les plus lointaines retraites de la grande forêt de Cuisy, qu'on appelle aujourd'hui la forêt de Compiègne, retentissaient du matin au soir du bruit qu'il y faisait en chassant. Il avait un bon chien qui se nommait Souillart comme le chien de saint Hubert. Ce chien-là, Dagobert l'estimait grandement parce que c'était l'animal à la fois le plus hardi et le plus sage. Si jamais il y eut bête à laquelle il ne manquât que la parole pour qu'on la pût considérer comme l'égale de l'homme, ce fut bien ce bon chien-là, qui d'avance, le matin, indiquait le temps qu'il allait faire, et par des signes non équivoques disait : « Il fera chaud » ou « Il pleuvra » ou même « il y aura défaut. » Pour dire « Il fera chaud, » il tirait la langue longue d'un demi-pied et regardait Dagobert fixement ; pour dire : « Il pleuvra, » il se courbait en pliant les jambes et les cachait sous lui ; pour dire : « Il y aura défaut, » c'est-à-dire « les chiens perdront la trace du gibier, » il courait dix ou douze fois autour de la chambre en changeant de direction à chaque tour. C'était un ami précieux, d'autant qu'il avait une valeur grande et ne craignait pas le danger.

VI

Comment Dagobert se vengea de Sadragésile.

Sadragésile ne cessait de dire à Chlother que son fils perdait tout son temps à la chasse et qu'il fallait l'empêcher de vivre dans les forêts. Si le gouverneur de Dagobert n'avait eu, en parlant ainsi, que le désir de ramener son élève à l'étude, il ne serait pas trop coupable ; mais c'était, de tout point, une fort vilaine et fort méchante personne. Il ne manquait pas d'esprit toutefois, et, né dans un rang peu élevé, il avait su faire vite son chemin. Sadragésile était évêque lorsque le roi lui fit quitter l'Église, ainsi que cela se pratiquait quelquefois en ce temps-là, et lui confia l'éducation de son fils en lui recomman-

dant bien de lui enseigner tout ce qu'il convient que sache un grand prince. Sadragésile, afin d'avoir plus de crédit, s'était fait investir du duché d'Aquitaine. Cette élévation rapide lui avait tourné la tête, et il nourrissait en soi le désir de renverser du trône le roi son maître, ou tout au moins, lorsque l'heure en serait venue, le jeune prince son élève.

Il cachait bien ses secrètes pensées devant le roi, mais il n'épargnait pas à Dagobert les marques de sa haine ; il imaginait chaque jour quelque mauvais traitement, sous le prétexte qu'il fallait humilier sa jeunesse orgueilleuse ; il le punissait durement dès qu'il le surprenait en péché de paresse ou d'intempérance. Ce personnage à double face accablait le roi Chlother de flatteries continuelles : il vantait son courage, sa générosité, même sa rudesse, et il finissait toujours ses compliments par un soupir. Le roi lui demandait régulièrement quelle était la raison pour laquelle il soupirait, et il disait que c'était parce qu'il ne voyait que trop visiblement l'inutilité de ses soins pour lui assurer un digne successeur. Chlother II aimait assez ce genre de discours et il donnait à Sadragésile maintes preuves de son affection. C'est ce qui le rendit assez osé pour enfermer Dagobert lorsqu'il faisait de beaux temps de chasse. Sa méchanceté alla même jusqu'à blesser le bon chien Souillart pour que Dagobert fût bien malheureux. Celui-ci supportait son mal sans se plaindre haut, parce que l'amitié que Chlother avait pour le duc d'Aquitaine l'intimidait ; mais il sentait qu'il ne pourrait pas toujours contenir sa colère.

Un jour que Chlother était allé au loin à la chasse et que Dagobert était resté au logis avec son gouverneur, Sadragésile, voyant le roi parti, accabla Dagobert des plus sanglants reproches, l'appelant méchant garçon et détestable écolier ; il lui ordonna de s'accuser à haute voix de toutes ses fautes devant quelques domestiques de la maison royale et lui défendit de s'asseoir sur un siége aussi élevé que le sien. Dagobert, à l'âge qu'il avait alors, n'était plus un adolescent ; c'était presque un homme ; il sentit son sang bouillir dans ses veines, il se rappela ce qu'il avait enduré de mauvais traitements, il ne put cacher entièrement son émotion. Comme il ne quittait pas son siége, Sadragésile voulut le prendre par un bras ; Dagobert se lève, prompt comme l'éclair, menaçant comme la foudre, et, marchant vers Sadragésile, se jette sur lui. Sadragésile, pâle de surprise et de rage, fit un faux pas et tomba. Comme il était grand et fort, il se releva, saisit Dagobert et fut sur le point de le renverser. A ce moment, le bon chien Souillart, qui était accouru au bruit de la voix de son maître, entra dans la salle. Il saute à la gorge du gouverneur. Dagobert, profitant de la diversion faite par son chien, se redresse entre les bras de Sadragésile, le maîtrise à son tour, lui lie les mains derrière le dos, et lui coupe les cheveux et la barbe ; c'était la plus grande honte qu'il lui pût faire en ce temps-là. Puis il ordonne qu'on le fouette comme un esclave et se retire.

VII

Où il est question de Chlother II et de son humeur farouche.

Chacun était frappé d'épouvante en songeant à ce que Chlother allait dire lorsqu'il serait de retour. On savait que Sadragésile jouissait de toute sa faveur et on avait tout à redouter de sa colère. Chlother II était en effet un roi sans miséricorde. C'est ici le lieu de rappeler deux traits de son histoire. Quelle ne fut pas sa fureur le jour où il apprit que ses lieutenants avaient été battus du côté de la forêt Noire par le farouche Acrol, roi des Boiares ou Bavarois ! Jamais tempête ne se leva plus impétueuse. En un instant les jeux sont suspendus dans la métairie royale à Clichy ; la corne appelle cavaliers et fantassins ; on part ; sur toute la route l'armée remuante et bruyante voit ses rangs se grossir : bientôt l'ennemi est atteint, il est vaincu. Ivre de joie, Chlother oublie Dieu qui lui a permis de vaincre ; il n'a qu'une pensée, il veut que le bruit de sa vengeance retentisse à jamais dans la postérité. On amène devant lui trente mille prisonniers ; il leur annonce qu'ils méritent la mort et qu'il ne fera grâce qu'à ceux d'entre eux dont la tête ne s'élèvera pas au-dessus de son épée.

Sur un signe du roi, les prisonniers sont amenés

un à un devant l'épée terrible, que maintient à sa droite un des principaux leudes. Le chef de l'armée vaincue s'avance le premier; il est d'une taille élevée; sa belle tête attire les yeux; son regard plonge

fièrement dans les rangs de ses vainqueurs; il va, d'un bond rapide, se placer à côté de l'épée qui, haute de cinq pieds six pouces, n'atteint guère que ses lèvres : il sourit; un soldat lui tranche la tête et Chlother reste immobile. Un à un, mille prisonniers passent ; trois cents vaincus sont décapités. Quand la nuit vint, dix mille prisonniers avaient été mesurés ; trois mille vaincus, d'une taille élevée, avaient été frappés de la hache.

Un seul, entre tous, arrivé devant l'épée, s'agenouilla. Chlother, avec un sourire de mépris, accorda la vie à cet homme sans cœur.

Le lendemain, la fête sanglante se prolonge. Dès la première heure du jour, les vingt mille prisonniers qui restaient défilèrent un à un, le front haut, devant Chlother et devant l'épée. Six mille têtes tombèrent : pas un homme ne fut lâche. Voilà quelles étaient, après la victoire, les réjouissances du fils de Frédégonde. On sait aussi quelle est la manière dont il punit Brunehauld, reine d'Austrasie fille, femme, mère, aïeule de tant de rois, du crime d'avoir été la rivale et l'ennemie de Frédégonde sa mère. Brunehauld fuyait devant son armée. On la découvre, on l'arrête, on l'amène devant lui. Ni les soixante-treize ans de cette reine, ni ses cheveux blancs, ni sa faiblesse, ni son courage, ni sa gloire n'obtiennent grâce. Trois jours durant, placée sur un chameau venu d'Asie, on la promène dans son camp au milieu des huées et des outrages. Trois jours entiers la vieille Brunehauld supporte sans murmurer son supplice. Au matin du quatrième jour, Chlother fait amener un cheval fougueux : par son ordre on saisit la malheureuse reine d'Austrasie ; on l'attache à la queue du cheval par les cheveux, par un bras et par un pied. Puis, d'un coup de fouet, Chlother chasse le cheval dans la plaine. Il part traînant le fardeau qui l'irrite, et, dans sa course furieuse, il traverse bientôt les champs; il franchit les buissons qui l'arrêtent, il disparaît. C'est ainsi que Brunehauld avait péri. Chlother n'avait cessé de suivre de l'œil son cadavre ensanglanté que lorsque le cheval avait disparu entièrement. On se rappelait ce tableau terrible, et on tremblait.

VIII

L'asile des saints.

Chlother, étant revenu de la chasse, vit à la porte de sa maison Sadragésile qui, les mains jointes et les yeux mouillés de larmes, demandait justice. Comme on craignait d'être victime de sa malignité, les témoins de son châtiment n'osèrent le démentir lorsqu'il eut raconté, à sa manière, tout ce qui venait de se passer. Chlother, transporté de fureur, déclara qu'il tirerait de son fils une éclatante vengeance, et ordonna à ses gens de le lui amener.

Éloi, qui avait assisté à la punition de Sadragésile et au retour du roi, s'empressa de prévenir Dagobert de ce qui le menaçait, et, le faisant monter sur-le-champ à cheval, il le conjura de se dérober à la colère paternelle. Dagobert, l'ayant remercié, se mit en route précipitamment. C'était à Rueil que tout ce qui vient d'être raconté avait eu lieu. Où aller? de quel côté chercher un asile sûr? Éloi, qui l'aimait beaucoup, courut derrière lui et lui cria de loin le nom de saint Denis. Dagobert songe aussitôt au hameau de Cattuliac qui n'était qu'une petite réunion de chaumières. Là se trouvait une humble chapelle que sainte Geneviève avait fait construire pour honorer le tombeau de saint Denis et de ses compagnons Rustique et Éleuthère, martyrs du temps de l'empereur Domitien. La chapelette tombait en ruine; on y entrait comme dans un bois; les ronces et le lierre couvraient l'autel. Dagobert connaissait cette chapelle.

En peu de temps il eut franchi la rivière à Chatou et, par Argenteuil, tout le long de la Seine, il arriva à Catulliac. Ceux qui le poursuivaient étaient sur le point de l'atteindre lorsqu'il arrêta son cheval au bas de l'escalier ruiné qui conduisait à la vieille chapelle.

Dagobert n'eut pas plutôt mis le pied sur le sol sacré, qu'il sentit une sérénité délicieuse qui se répandait dans toute sa personne. Je ne sais quel instinct le poussait vers les tombes couvertes de lierre et lui donnait le conseil de se coucher sur ces tombes comme sur un lit de doux repos. Les satellites de Chlother, sur les degrés de l'escalier, voyaient ce spectacle : ils s'élancent; une barrière invisible les arrête; ils veulent pousser des cris de fureur; leur voix s'éteint avant d'arriver à leurs lèvres. Vingt efforts furent inutiles. La même force empêcha ces hommes avides de saisir celui qu'ils étaient venus chercher; ils ne pouvaient s'avancer d'un pas dans le sanctuaire, et tous leurs efforts se brisaient contre une muraille qu'ils n'apercevaient point. Dagobert, couché sur les tombeaux, remerciait Dieu dans son cœur et ne s'occupait pas de ses ennemis. Ceux-ci revinrent à Rueil et racontèrent au roi ce qui leur était arrivé. Dagobert s'endormit d'un doux sommeil.

Comme il dormait, il vit trois hommes s'élever devant lui dans les airs, vêtus de robes resplendissantes, couronnés d'une auréole et tenant à la main de longues palmes vertes. Celui qui était au milieu lui dit : « Jeune homme, sache que nous sommes ceux dont tu as entendu parler, Denis, Rustique et Éleuthère, qui avons souffert le martyre pour l'amour de notre Seigneur Jésus-Christ et avons prêché la foi chrétienne en ce pays. Nos corps gisent dans le sépulcre sur lequel tu t'es couché, et c'est nous qui protégeons ton repos. Vois l'abandon dans lequel on a laissé cette sépulture regarde en quelle misère est humiliée cette chapelle; si tu veux nous promettre de la restaurer, de l'embellir et de prendre soin de nos tombes, nous te sauverons du péril où tu es tombé, et nous aurons soin de rendre ta vie et ta mort agréables à Dieu. »

Cette vision réveilla Dagobert, qui se promit de ne pas oublier ce que les saints lui avaient dit.

Chlother II, pendant ce temps, s'était mis en route sur le récit des amis de Sadragésile, et il s'approchait avec une grande multitude de cavaliers. Il arrive au pied de l'escalier ; il s'élance à son tour : la même force l'arrête. Sa fureur veut éclater en menaces : les menaces meurent dans son gosier. Cependant Dagobert se tenait à genoux au pied des tombes et priait. Chlother recule de quelques pas, appelle à lui les plus braves de ses satellites et ordonne de mettre le feu à la chapelle. Ainsi Chlother Ier avait fait périr son fils Chramm dans les flammes. Mais aucune torche ne s'allume. Chlother saisit un javelot et le lance : le javelot tombe inoffensif aux pieds de Dagobert qui se retourne, voit son père et sourit doucement. A la fin le cœur du roi s'apaisa ; il comprit que son fils était placé sous le patronage de saints redoutables, et lui accorda son pardon. Sadragésile fut écarté de Rueil et Dagobert y revint, songeant dès lors à restaurer la chapelle des saints auxquels il devait son salut.

IX

Dagobert sur le champ de bataille.

Délivré d'un mauvais maître, conseillé par Éloi, et sans cesse soutenu par les paroles de saint Denis, Dagobert fit commencer les travaux nécessaires à la restauration de la chapelle, et montra, par toutes ses actions, qu'il avait une âme royale. Chlother détacha de ses États le royaume d'Austrasie et le lui donna, après l'avoir marié à Gomantrude, cousine de sa seconde femme Sichilde. Les noces, faites à Clichy, furent célébrées par tous les poëtes gallo-romains. Mais Dagobert était tout jeune encore. Il ne tarda pas à prouver qu'il était digne du trône. Les Saxons, le croyant timide, franchirent l'Elbe et le Véser, pour s'emparer de ses meilleures villes de Germanie. Sans hésiter, Dagobert réunit à Metz une petite armée, franchit le Rhin et marche à l'ennemi. Il était à la tête de ses soldats. L'armée austrasienne, trop peu nombreuse, fut forcée à la retraite; mais Dagobert se signala par son indomptable courage : l'épée nue à la main, il enfonçait le poitrail de son cheval dans les rangs les plus épais de l'ennemi et les rompait. Un des soldats saxons, s'approchant de lui pendant qu'il repoussait les attaques de tout un escadron, lui déchargea sur la tête un coup retentissant : l'épée du soldat fendit le casque ; la peau fut atteinte, et une boucle de cheveux tomba sous le fer. Dagobert se retourne, fond sur le soldat, le saisit d'une main que la colère faisait forte, le place derrière lui sur son cheval et rentre avec son prisonnier dans les rangs de son armée. En un instant sa colère s'était apaisée : « C'est toi, dit-il au prisonnier, qui auras soin désormais de ma barbe et de ma chevelure. » Et il le retint pour son service.

La boucle de cheveux, envoyée aussitôt à Chlother, l'avertit et du danger où était l'armée d'Austrasie et du courage de son fils. Il accourt, il trouve les deux armées ennemies placées chacune sur une rive du Rhin. A son arrivée, les soldats de Dagobert font retentir les airs de joyeuses clameurs. Berthoald, le chef des Saxons, s'avance et cherche à deviner la cause de cette fête. On lui crie : « C'est que le roi Chlother est avec nous. » Berthoald, pour encourager les Saxons, avait dit que Chlother était mort ; il se sentit le cœur mordu par la rage et affecta de rire en regardant ses soldats. Mais Chlother arrive à cheval, il ôte son casque de dessus sa tête ; ses cheveux blanchis avant l'âge et ses traits bien connus apparaissent aux yeux des Saxons. Berthoald lui lance de loin une grossière injure. Chlother pousse son cheval dans le fleuve, le traverse, atteint son ennemi et combat. Dagobert le suit à la tête des plus intrépides cavaliers franks ; mais déjà Chlother a mis à mort Berthoald, et Dagobert n'a qu'à fondre sur les Saxons pour les mettre en pleine déroute.

X

Dagobert est roi des Franks et bon justicier.

Ce fut sa première victoire. Deux années après, Chlother mourait et lui laissait la Neustrie et la Bourgogne. Haribert, frère de Dagobert, héritait du royaume d'Orléans et de l'Aquitaine. C'était un prince d'un esprit très-simple.

Dagobert, investi du pouvoir, s'occupa tout de suite de l'avancement des travaux entrepris à Saint-Denis, et aussi du soin de visiter ses États et d'y faire fleurir lui-même la justice. Les rois ne savent pas, d'ordinaire, combien ils auraient de facilité, s'ils le voulaient, à gagner le cœur de leurs peuples. Il ne s'agit pour eux que de ne pas se croire d'une autre essence que le reste des hommes, de comprendre qu'ils ont reçu du hasard le rang qu'ils occupent, et que celui qui est né roi doit toute sa vie aux fonctions tutélaires du trône. Il faut qu'il ne plaigne pas sa peine, qu'il aille par les chemins, qu'il voie les choses par ses yeux, qu'il s'assure par soi-même de tout ce que ses émissaires lui racontent, et qu'il écoute parler les plus humbles de ses sujets. Ainsi faisait Dagobert, aidé des conseils de l'évêque Arnoul, de saint Éloi et de saint Ouen, l'ami de saint Éloi. La simplicité sied bien aux chefs des peuples. C'est pour donner un prétexte à leurs goûts de luxe, qu'ils parlent quelquefois de la nécessité où ils sont d'avoir autour d'eux une cour pompeuse. La vérité est que les rois qu'on aime et qui sont vraiment puissants, se passent bien de tous ces colifichets. Dagobert fut d'abord un roi tout simple. Sa force éclatait dans sa colère, lorsqu'il avait à punir un rebelle ou à réprimer les injustices de quelque officier qui avait vexé les populations.

XI

Portrait du roi Dagobert.

Le bon roi Dagobert, qu'il ne faut pas nous figurer sous les traits d'un vieillard à cheveux blancs, était, vers sa trentième année, un haut et gros gaillard plein de la plus florissante santé. Grand cavalier, grand jouteur, grand chasseur, grand nageur, grand buveur, grand mangeur, grand rieur, il avait les joues pleines et richement enluminées, la barbe rouge, les cheveux longs, si longs même qu'ils lui couvraient le dos jusqu'à la ceinture. Sa bouche

était large et bordée de deux lèvres épaisses ; sa moustache retroussée formait deux panaches sur les coins de cette bouche formidable. Son visage n'était éclairé que par deux petits yeux gris qui ne connaissaient que deux manières de traduire aux gens sa pensée : par d'impétueux éclairs de fureur ou par de longs rires de gaieté.

Quant au costume, les jours de fête, c'était celui des Franks qu'il portait. Et ce costume, un historien du vieux temps, le moine de Saint-Gall, l'a décrit à peu près de cette manière : les ornements des anciens Franks, quand ils se paraient, étaient des brodequins dorés, garnis de courroies longues de trois coudées. Des bandelettes de plusieurs morceaux leur couvraient les jambes. Sous ces brodequins ils portaient des chaussettes et des hauts-de-chausses de lin d'une même couleur, mais d'un travail précieux et varié. Par-dessus les chausses et les bandelettes, les longues courroies des brodequins se croisaient et serraient la jambe de tous côtés. Sur le corps se plaçait une chemise de toile très-fine. Un baudrier soutenait l'épée qui était placée dans un fourreau et entourée d'une lanière et d'une toile très-blanche qu'on fortifiait en la frottant de cire. Le vêtement que les Franks mettaient le dernier, et par-dessus tous les autres, était un manteau blanc ou bleu de saphir, à quatre coins, double, et tellement taillé que, quand on le plaçait sur ses épaules, il tombait par devant et par derrière jusqu'aux pieds, tandis que sur les côtés il s'arrêtait au-dessus du genou. Dans la main droite se portait un bâton de pommier à nœuds symétriques, droit, et garni d'une pomme d'or ciselée avec art et enrichie de pierres précieuses.

J'oublie les bracelets, les colliers, le bonnet et le manteau de fourrrure pour l'hiver.

Mais Dagobert, qui aimait ses aises, ne s'affublait de ces vêtements que pour les cérémonies ; d'ordinaire il avait de grandes bottes, la braie ou culotte gauloise, et une veste plastronnée de cuir velu ; une ceinture de peau de daim, bouclée par devant, et à laquelle s'attachait son épée, retenait cette veste ; un chapeau fourré lui couvrait la tête. Ainsi vêtu, il montait à cheval et allait à l'église, à la chasse, à la guerre. Il chantait volontiers, et même sur les grands chemins, à la tête de ses compagnons. Saint Éloi ne le quittait guère. On pense bien que lorsque le roi entonnait sa chanson, les hôteliers, les cabaretiers, les cuisiniers et autres gens sortaient de leurs maisons et lui offraient le vin du seigneur. Dagobert vidait lestement son verre, et continuait son chemin. Il n'avait de gardes ni visibles, ni invisibles, et quelqu'un lui ayant dit qu'il ferait bien de placer sous sa veste de buffle une fine cotte de maille d'acier, il répondit en frappant sur sa poitrine : « Crois-tu donc qu'il y ait un bras assez solide pour traverser cela d'un coup d'épée? Va, mon ami, on ne peut pas me tuer tout entier en un seul jour. »

Si ce n'était pas retarder la marche de cette histoire, il faudrait citer ici quelques-uns des mots de Dagobert. Les mots peignent les hommes. Nous n'en rappellerons qu'un ou deux. On lui apprit un jour qu'un des principaux chefs de bandes franques, retiré dans ses domaines, y faisait de la fausse monnaie. C'était un homme qui devait de l'argent à tout le monde. « Je sais, dit Dagobert à ceux qui lui en parlaient, ce qu'il fabrique là-bas; il ne fait que ce qu'il doit. »

Souvent il avait de belles paroles pour enflammer le courage de ses soldats. Dans un combat d'avant-garde, il se trouva tout à coup environné par un grand nombre d'ennemis; on l'entoure, on l'arrête, on lui montre le long de toutes les collines des flots de soldats, qui descendent et marchent contre lui. « Nous sommes ici, s'écria-t-il d'une voix tonnante, non pour les compter, mais pour les vaincre, » et aussitôt il s'élance sur l'ennemi, qui est vaincu.

Tant il y a que par ses victoires, ses bonnes manières de vivre, sa gaieté et sa sévère justice, il devint promptement populaire.

Le roi Dagobert était surtout cher aux Parisiens auprès desquels il vivait et qu'il visitait souvent.

Il demeurait le plus souvent à Clichy, le pauvre sire, et s'y ennuyait volontiers de temps en temps. Clichy avait alors un nom latin : *Clippiacum*[1]. Je parle de Clichy-la-Garenne, de ce vilain village qui, aujourd'hui, grille au soleil dans une plaine blanche et nue, le long de la Seine, entre Neuilly et Saint-Denis, de Clichy qui est en face d'Asnières et qu'entourent à perte de vue des plantations de betteraves. Dagobert y vivait donc.

Pour ne pas mentir, son Clichy à lui était alors un peu moins laid que le Clichy qui nous appartient. Les chemins de fer qui passent par là n'envoyaient pas leur fumée dans les arbres et ne faisaient tousser personne sur les bords de la rivière; la plaine, moins exclusivement couverte de betteraves, ne s'arrêtait pas court devant les maisonnettes de Batignolles; elle s'élevait peu à peu et formait un plateau boisé qui descendait en collines du côté de Paris. De la Seine à la Seine il y avait une forêt touffue; les prés l'entouraient d'un tapis moelleux qu'émaillaient les pâquerettes et les fleurs de la luzerne. Là où est la chaussée d'Antin et où piaffent dans leurs écuries de marbre les chevaux des banquiers, il se trouvait un délicieux ruisseau bordé de cresson, abrité par les saules et les osiers, çà et

---

[1]. Il faut se rappeler que les Franks n'étaient pas installés dans les Gaules depuis plus de cent cinquante ans, et que la langue latine n'était pas encore tout à fait morte.

là paré de touffes de myosotis. Les biches erraient sur la rive. Du côté de Montmartre; de plus grands arbres élevaient leurs rameaux; les buttes, ces affreux amas de plâtre dont l'aspect aujourd'hui blesse les yeux, ces buttes-là étaient toutes vertes : les lièvres y faisaient leurs gambades dans le thym. Il fallait aller jusqu'aux coteaux de Saint-Chaumont, où est Belleville, pour trouver un petit village. Tout le reste du pays était prairie et bois, bois et prairie, et la plaine de Saint-Denis, qui a dix fois plus de choux que la plaine de Clichy n'a de betteraves, était encore bois et prairie, prairie et bois jusqu'à Aubervilliers et bien au delà.

Il y a aujourd'hui près de Clichy, toujours sur la rivière et en suivant le cours de l'eau, un village qui s'appelle Saint-Ouen. On y a devant soi une île assez gentille, quelque peu ombragée, pourvue de cabarets, et fréquentée par les gens qui aiment à attendre trois heures, la ligne à la main, un barbillon de Seine. Voilà le vrai pays de Dagobert du temps de sa simplicité. Le village de Saint-Ouen n'existait pas; mais le saint homme dont le nom a été donné à ce village était l'ami intime de saint Éloi, et, par conséquent l'un des amis intimes de Dagobert. La métairie du roi s'étendait de Clichy à Saint-Ouen, tout le long du fleuve. Oui, la métairie; de palais, de château, pas même l'ombre.

Une porte telle quelle, comme il y en a à l'entrée

de toutes nos fermes. Point de fossés, point de tourelles, pas de pont-levis, pas de créneaux, de mâchicoulis, de fauconneaux ; à peine une sentinelle. Dagobert, il faut l'avouer, ne s'arrangea pas longtemps de la simple métairie de ses pères.

XII

Dagobert devient gourmand, orgueilleux et cruel.

On parlait de Dagobert dans toute la Germanie, en Italie et en Espagne. Sa renommée était allée bien plus loin : on parlait de lui à Constantinople comme du modérateur suprême des destinées du monde ; on lui envoyait, par respect, mille présents venus de l'Orient, de la Chine et de l'Inde : de l'or en poudre, du corail, des étoffes de crêpe, des châles, de l'ivoire, du baume, du thé, des perles et des éléphants.

Le bruit de sa renommée l'enivra, la splendeur des tributs qu'on lui envoyait l'éblouit. Dagobert tomba tout à coup dans le vice. Il oublia les grands saints Denis, Rustique et Éleuthère ; il ne donna plus d'argent pour la continuation des travaux de leur chapelle, que les ronces et le lierre envahirent de nouveau. Il n'écouta ni Arnoul, ni Éloi, ni Ouen. Il prit goût aux étoffes d'or, aux pierres précieuses, aux animaux rares, aux luxueuses curiosités de l'Orient. Tout l'argent du trésor servit à l'achat de marbres et d'ivoire, pour qu'il y eût un palais magnifique à la place de la métairie de Clichy. Dagobert équipa des vaisseaux qui allèrent

chercher en Syrie des soieries et des parfums; il changea son costume et celui de ses officiers; il n'employa plus saint Éloi au règlement des affaires de l'État, mais à la fabrication des meubles les plus riches. Ses mœurs se corrompirent : il devint très-gros mangeur, puis mangeur insatiable; il s'adonna enfin à l'ivrognerie ; il prit plusieurs femmes ; il cessa d'aller visiter les églises ; il passa presque toutes ses journées à la chasse avec trois chiens favoris, qui étaient fils du bon chien Souillart et qui s'appelaient César, Hercule et Bellérophon. Pour peu qu'on lui eût déplu, il ne parlait que de fers, de cachot et de décollation. Ce qui lui restait de belle humeur ne reparaissait qu'au milieu des festins, et lorsqu'il avait à sa table quelque pauvre hère.

Aussi entra-t-il dans le chemin des iniquités. Il commença par envahir les États de son frère, le simple Haribert, qui mourut; puis il s'arrangea pour que Hilpérik, fils de Haribert, disparût tout à coup. Un pareil crime excita l'indignation de saint Éloi, qui se retira dès lors à Rueil. Saint Ouen alla à Rouen, sur l'ordre du roi.

Une guerre s'étant élevée vers les frontières de l'Est, Dagobert fut vaincu par les Vénèdes, qui avaient pour roi un ancien marchand frank, nommé Samo. Cette défaite enflamma son courroux et le poussa à commettre la plus criminelle de ses mauvaises actions. Neuf mille familles bulgares, chassées de l'Orient par les Avares, s'étaient réfugiées en Germanie et avaient demandé asile à Dagobert. Il leur avait assigné pour résidence le pays des Bavarois, et ces neuf mille familles, s'y étant disséminées, y vivaient tranquillement de l'agriculture. Vaincu par les Vénèdes, Dagobert se rappela que les Bulgares avaient la même origine que ses vainqueurs, et quoiqu'il n'eût pas même un soupçon à concevoir sur leur conduite, dans un moment d'ivresse, il donna l'ordre de les faire tous massacrer. On reconnaissait là le petit-fils de Frédégonde. L'ordre épouvante ceux qui le reçoivent; ils se le font répéter avant de le transmettre. La stupeur peinte dans les yeux de tous ceux qui l'environnaient ne détourna pas Dagobert de sa résolution effroyable. Un corps de cavalerie envahit le pays des Bavarois, et fondit à l'improviste sur les villages des Bulgares. Il ne s'échappa que sept cents personnes de ce carnage.

XIII

Le dernier festin joyeux de Dagobert.

Pour ne plus s'exposer à un échec semblable à celui que les Vénèdes lui avaient fait subir, Dagobert redoubla de sévérité dans son royaume; il rendit la discipline de ses troupes aussi rigoureuse qu'il le put, et il se décida à réduire à l'obéissance deux contrées des Gaules, qui dans leurs âpres retraites avaient conservé leur indépendance. Les

Bretons, conduits par Judicaël, et les Vascons des Pyrénées, sous divers chefs, ne reconnaissaient pas son autorité, et, de temps en temps, lorsque les moissons étaient mûres ou que la vendange était prête, ils fondaient, pour les dépouiller, sur les plaines de l'Anjou et de la Touraine, ou dans les vallées de la Garonne. Dagobert lance deux armées; les Bretons et les Vascons, après une lutte opiniâtre, passent sous le joug du vainqueur. Dagobert ordonne que Judicaël et les chefs des Pyrénées viennent dans son palais neuf de Clichy, et il leur fixe un même jour pour les y recevoir en suppliants.

C'était à l'heure la plus chaude du jour. Une grande table est dressée, couverte de nappes de pourpre et de vaisselle d'or, dans une salle de marbre. Les mets fument; le gibier même du roi repose sur un grand plat d'émeraude, les vins les plus fameux étincellent dans des vases de cristal. Les murs sont tapissés de peaux de lion; des parfums choisis sont allumés dans des réchauds; des guirlandes de roses s'enlacent autour des colonnes. Judicaël et les chefs vascons, dans une humble posture, attendent à la porte de la salle la venue de Dagobert. Il entre suivi de sa cour. Éloi et Ouen, rappelés, l'accompagnent; ses trois chiens favoris, César, Hercule et Bellérophon, aboient autour de lui. Dans la foule des courtisans on aperçoit un pauvre paysan, que le roi a depuis quelques jours fait son commensal.

Judicaël et les Vascons se prosternent. D'une voix de tonnerre le roi leur dit : « Ah! ah! vous voici à mes pieds; nous verrons tout à l'heure ce que nous ferons de vous. Cependant mettons-nous à table? » Certes, Judicaël était brave; il n'osa pourtant pas se placer à la droite de Dagobert, sur le siége qu'on lui avait préparé, et il alla s'asseoir à l'extrémité de la table. Dagobert, tout glorieux, fit commencer le repas, qui fut long et bruyant. L'ivresse s'étant emparée de lui, il se mit à chanter et à railler les convives. Toutefois il était ce soir-là d'une humeur assez joyeuse, et il dit qu'il recevait la soumission des Vascons et de Judicaël, et que les reconnaissant pour de braves capitaines, il les chargeait de gouverner leur pays sous son nom. Puis, s'adressant à Babolein, son commensal, qui était vis-à-vis de lui : « Et toi, dit-il, l'homme aux discours simples, voyons si tu es digne que je te confie aussi quelque gouvernement. » Tout le monde fit silence, parce qu'on attendait avec beaucoup d'anxiété les questions de Dagobert et les réponses de Babolein. Babolein, il faut le dire, était un paysan sans finesse qui, plein de bon sens, disait toujours tranquillement sa pensée, et dont Dagobert paraissait entiché depuis quelque temps. Voici quel fut leur dialogue.

« Le Roi : De quoi les peuples ont-ils le plus grand besoin ?

Babolein. De la paix.

— Et que pensent-ils de la gloire ?

— Ils pensent que, s'ils l'aiment, ils la payent trop cher !

— Ils n'estiment donc pas les grands guerriers ?

— Ils les craignent. D'ailleurs si l'on se battait la nuit, il n'y aurait pas tant de grands guerriers.

— Quel est pour eux le plus grand des maux ?

— La guerre.

— Mais quand la guerre est juste....

— Il n'y a pas souvent de juste guerre.

— Allons, petit Babolein, vous ne savez ce que vous dites.

— Je sais que ce que je dis n'entre pas loin dans une oreille royale.

— Eh quoi ! ne respecterais-tu pas tes maîtres ?

— Je n'ai de maître que Dieu.

— Et le roi ?

— Le roi fait son métier, moi le mien ; je lui obéis avec plaisir quand il m'ordonne d'être heureux.

— Ce Babolein, dit Dagobert en se tournant vers saint Éloi, a la langue bien pendue. »

Saint Éloi crut que Dagobert allait se mettre en colère ; il jugea prudent d'intervenir.

« Mais, mon ami, dit-il à Babolein, n'y a-t-il pas quelque distance entre le roi et toi ?

— Il y a en ce moment entre lui et moi la largeur d'une table.

— Bien, dit Dagobert. Voilà un gaillard qui fait peu de cas de ma puissance et de moi-même. Babolein, que ferais-tu si tu étais roi?

— Je ferais bonne justice et bonne chère.

— Aurais-tu une belle cour?

— J'aurais une basse-cour seulement.

— Aurais-tu des ministres?

— J'épouserais une femme douce, active et jolie.

— Des favoris?

— Mon favori serait le plus habile cuisinier.

— Et voilà ton rêve?

— C'est le rêve du bonheur universel. Je ferais la paix partout. Dès que les hommes n'auront plus la guerre à craindre, ils seront heureux tout seuls. »

Dagobert se leva brusquement et dit : « Babolein, tu as des idées qui me conviennent tout de même, quoiqu'elles soient absurdes. Je veux faire quelque chose pour toi; buvons ensemble. »

Toute l'assemblée enviait l'heureuse fortune du pauvre Babolein. Il faut dire que ce n'était pas seulement à cause de ses discours que le roi l'estimait; il faisait aussi le plus grand cas de la manière aisée et toute naturelle avec laquelle cet homme des champs buvait sans sourciller une dizaine de grandes mesures de vin. Dagobert, quand il était ivre, faisait un bruit de diable; Babolein ne rougissait même pas et ne remuait pas sur sa chaise.

« A la mémoire de l'empereur Probus! dit Dagobert. Voilà un prince qui a eu soin de ce pays-ci! Il a planté les vignes de Bourgogne. Allons, Babolein, et vous autres tous, encore une belle coupe en l'honneur de Probus, l'empereur de Rome! »

A ce moment, il n'y avait plus guère qu'une dizaine de Franks assez braves en boisson pour tenir tête au roi et accompagner Babolein; les autres étaient déjà vaincus par l'ivresse et restaient silencieux. « Qui sera roi du festin aujourd'hui? s'écrie Dagobert. Qui est-ce qui a encore soif? » Babolein seul, sans un geste inutile, montra qu'il pouvait boire. « Et quel vin veux-tu? » Babolein, du doigt, montra une jarre de grès qui contenait bien trois bons litres, et qui était pleine d'un vin de Narbonne parfumé d'une odeur de violette. On mit la jarre près de lui, et, à petits coups, sans mot dire, il la vida.

« C'est toi, dit Dagobert, qui es le roi. » Et se relevant avec effort : « Cet homme-là, je le proclame roi; je lui donne le pays d'Yvetot en Neustrie; il y fera fleurir les préceptes de sa sagesse; on verra dans quelques siècles ce que la postérité en pensera. » Voilà comment Babolein Ier devint roi d'Yvetot.

La postérité n'a pas dit de mal de ce monarque,

« Et maintenant, ajouta Dagobert, que justice a été rendue à messire Babolein, enlevez ces plats et apportez le vin de Chypre. De toute la nuit nul ne

sortira de cette salle. Le roi ordonne de grandes libations. »

Les grandes libations commencent. Sur l'ordre du roi, on réveille ceux qui dorment, on force à se tenir droits ceux qui sont tombés à terre ; ce n'est plus une fête, ce n'est pas même une débauche, c'est un supplice que Dagobert inflige à ses amis. Saint Éloi et saint Ouen se promènent avec anxiété à l'un des bouts de la salle ; leur visage est empreint d'un sentiment de tristesse extraordinaire. Autour du roi cinq ou six leudes à peine font mine de comprendre ce qu'ils font, de parler, de chanter et de choquer des verres vides. Le vin ruisselle sur la table.. Dagobert lui-même ferme déjà les yeux. Judicaël frémit de colère et d'indignation sur son siége reculé.

L'air est comme chargé de vapeurs pesantes.

« Qu'on ouvre les fenêtres, dit le roi en balbutiant ; qu'on les ouvre, ou nous périrons étouffés. » Les fenêtres sont ouvertes ; mais quel spectacle ! De toutes parts le ciel est envahi par des nuages noirs ; on dirait qu'un voile épais en cache la figure ; des torrents de pluie tombent, comme des cascades, sur toute la campagne. Les vents hurlent dans les bois ; les ruisseaux, débordés, heurtent les arbres et les renversent ; le ciel noir est à chaque instant traversé par les flèches rapides de la foudre. Un bruit de tonnerre formidable et incessant domine tous ces fracas. Jamais plus horrible tempête n'est venue fondre sur la terre ; il est impossible qu'on tienne ses yeux ouverts en face de ces éclairs qui les pénètrent et les déchirent.

Dagobert et les siens se réveillent ; l'effroi a

chassé l'ivresse; le roi fait un signe pour qu'on ferme les fenêtres, mais tous les efforts sont impuissants : le vent brise les volets qui volent en éclats. L'eau de cette pluie affreuse entre dans la salle. Tout à coup un coup de tonnerre gigantesque retentit : les plus émus se mettent à genoux; tous gardent le silence.

Trois coups frappés sur la porte se font entendre; la porte s'ouvre comme d'elle-même. C'est un ermite à longue chevelure et à longue barbe blanche. Il s'avance vers le roi, que sa vue étonne et qui reste muet. Ses vêtements sont déchirés par les ronces; le sang coule de ses mains déchirées ; de ses cheveux coule l'eau de la pluie; il s'avance encore, il arrive au pied du trône. Une crainte involontaire a saisi toutes les âmes. Cependant l'orage s'est calmé, et il s'est fait dans les airs un silence qui va donner à la voix de l'ermite une vibration terrible.

A la fin, le voyant si près venu et se croyant obligé à parler en roi, Dagobert lui dit : «Qui es-tu et que viens-tu faire ici?

— Je suis un humble ermite des bois; je viens t'avertir....

— Tu choisis mal ton temps pour te mettre en route.

— Ne ris pas de ton serviteur; la colère de Dieu t'en ferait repentir vite.

— Tu as la voix bien fière et bien sonore.

— Je t'ai dit que je suis le clairon de la justice de Dieu.

— Que viens-tu donc faire ici ?

— T'avertir de tes iniquités.

— Reviens un autre jour.

— Eh quoi! tu me chasseras de ton palais par cette nuit d'orage?

— L'orage a fui loin de nous. Prête l'oreille, ermite des bois ; entends-tu comme l'eau tombe maintenant goutte à goutte ; les feuillages mouillés se redressent; dans un quart d'heure la lune éclairera ta route. Tu t'es trompé; tu as peur de tout ce vacarme; tu as pris ce tapage pour la voix de Dieu.

— Non, je ne me suis pas trompé ; je viens de loin. Sulpice, évêque de Bourges, m'envoie pour que je te dise que tu es coupable. J'ai mis cinq jours à venir ; mais je te parlerai. Tu dépouilles les églises, tu fais gémir le peuple sous les impôts. Sulpice espère que tu écouteras sa prière et que tu feras cesser ces maux. O roi! reviens aux voies de la justice par lesquelles tu es entré dans ta puissance et dans ta renommée; soulage le peuple et ne dépouille plus l'Église, qui a besoin d'être riche pour les pauvres.

— Voilà un beau parleur, décidément, dit Dagobert, et qui vient dans un moment choisi à merveille. Puisqu'il ne veut pas s'en aller, mettez-le dehors ; les chemins s'essuieront bientôt. »

On chasse l'ermite, on referme à demi les fenêtres qui ont gardé leurs volets, et le vin coule de nouveau dans les coupes. Mais Éloi, Ouen et Babolein ne cachent pas le pressentiment qu'ils ont de quelque vengeance divine.

A peine cinq minutes se sont écoulées que les fenêtres s'ouvrent avec fracas ; le toit même gémit ; les murs tremblent. L'orage, avec plus de fureur encore, est venu s'abattre sur la maison royale, sur les jardins, sur les forêts qui l'entourent. Un éclair siffle dans la salle ; en même temps le fracas de la foudre retentit ; la foudre passe, tonne, renverse les coupes, brûle les lambris dorés, et s'échappe. Trois nouveaux coups frappés sur la porte se font entendre ; la porte s'ouvre. C'est saint Amand, l'évêque des campagnes, le pieux et vénéré Amand, qui, en robe blanche, le crucifix à la main, s'avance vers le roi et, au milieu d'un silence effrayant, lui dit : « Roi Dagobert, la fin de ta vie approche. Tu as été juste : pourquoi as-tu cessé de l'être ? Rappelle-toi Haribert ton frère, Hilpérick ton neveu, et les Bulgares, les hôtes désarmés. Quel compte rendras-tu à Dieu de leur mort ? Roi Dagobert, tu bois aujourd'hui pour la dernière fois le vin de la prospérité. Saint Denis te parle et te condamne par ma bouche. » Et saint Amand se retire sans que personne ait fait un geste, ni soufflé un mot.

Mais Dagobert se réveille de son étonnement,

remplit son verre et, avant de boire : « Allons, allons, dit-il ; je mettrai demain tous ces gens-là à la raison. Vous autres, vous avez donc eu peur ? Ne voyez-vous pas que c'est une scène de comédie que j'ai montée pour éprouver vos esprits ? »

Babolein osa l'interrompre.

« Et l'orage, dit-il, est-il aussi de votre invention ?

— Babolein, mon compère, va régner à Yvetot et ne te mêle plus de ce qui se passe ici. L'orage est venu parce que j'en avais besoin. Or çà, buvons bien. » Et il but toute la nuit.

XIV

Repentir de Dagobert.

Le lendemain, couché sur son lit, Dagobert gémissait. Une fièvre ardente s'était emparée de lui. Dans ses rêves agités il avait revu saint Amand ; il avait entendu, une fois encore, l'implacable arrêt qui l'avait frappé. Le repentir entra peu à peu dans son âme. Saint Éloi, averti de l'état du roi, demanda à être admis auprès de lui, et, ayant été reçu, lui tint les discours les mieux faits pour le ramener au bien.

Dagobert écouta en silence son fidèle ami ; puis il jura devant lui de renoncer à ses chasses et à ses banquets, de reprendre le chemin qu'il avait suivi d'abord, d'être roi paternel et bon justicier. Saint Éloi lui promit que Dieu n'appesantirait pas sa main sur sa tête, s'il avouait ainsi et réparait ses fautes.

A partir de cette heure, Dagobert changea de vie; il aima moins la chasse; il songea à se placer, contre les colères de Dieu, sous le patronage du grand saint Denis. Néanmoins sa gaieté, pour devenir plus douce, n'en fut pas moins agréable à ses sujets. Les grâces du roi se répandirent sur ceux qui les méritaient ; les bénédictions de la multitude montèrent au ciel pour désarmer Dieu.

XV

La basilique de Saint-Denis.

Nous avons vu comment, dès les premiers jours de son règne, Dagobert avait voulu commencer les travaux qu'il avait promis d'exécuter pour la gloire de saint Denis; mais il n'avait été fait jusque-là que fort peu de réparations dans la chapelle. L'activité des ouvriers ne dut plus désormais se ralentir.

Il orna, dit la chronique, d'or pur et de pierres précieuses les monuments des martyrs, et, après avoir merveilleusement décoré le dedans de l'église, il couvrit aussi d'argent pur l'extérieur de la voûte sous laquelle étaient déposés les corps de saint Denis et ses compagnons. Il assigna pour les luminaires de l'église cent sous d'or, pris sur les droits de douane que lui payait chaque année la ville de Marseille. Les agents du roi, à mesure que le payement se faisait, devaient acheter de l'huile et la remettre aux envoyés de l'église. Il fit placer, en face de l'autel, une cassette d'argent pour recevoir les aumônes offertes par les fidèles, et qui devaient être ensuite distribuées aux pauvres de la main même des prêtres, afin que, selon le précepte de l'Évangile, ces aumônes demeurassent secrètes, et que le Dieu tout-puissant, qui voit toutes les choses cachées, les rendît au centuple dans le ciel. Il ordonna qu'annuellement, d'un mois de septembre à l'autre, il enverrait lui-même à cette cassette cent sous d'or, et voulut que ses fils et tous les rois francs ses successeurs n'oubliassent jamais d'y faire porter chaque année le même nombre de sous d'or. C'était aux pauvres seuls que ces cent sous devaient être distribués, et nul n'en devait rien détourner; car il voulait que, tant que durerait le royaume, moyennant cette offrande des rois et ce qu'il plairait à Dieu d'y faire ajouter par d'autres personnes, les pauvres et les voyageurs trouvassent toujours là de quoi se soulager. Outre de nombreux et riches domaines qu'il donna à la basilique des bienheureux martyrs, il concéda aux moines qui priaient Dieu dans cette église le tribut annuel de cent vaches que lui payait le duché du Mans, afin qu'ils prissent plaisir à invoquer pour lui le Seigneur et les saints martyrs.

Il commanda en même temps à saint Éloi qu'il forgeât une grande croix pour mettre derrière le maître autel de l'église, la plus riche et la plus habilement faite qu'il pût l'imaginer. Le saint homme la fit telle, avec l'aide de Dieu, de pur or et de pierres précieuses, que l'œuvre fut regardée comme la plus rare des merveilles.

Saint Éloi qui, dit toujours la chronique, était entouré de mendiants comme une ruche de mouches, ne s'était jamais éloigné des voies du Seigneur; mais il avait quelquefois sacrifié au monde: dans les derniers temps de la vie de Dagobert, il s'était tout à fait séparé, et saint Ouen aussi, de ce monde si dangereux. Ils vivaient dans la retraite en attendant qu'ils devinssent, saint Éloi, évêque de Noyon, et saint Ouen, évêque de Rouen, ce qui arriva après la mort de Dagobert. Saint Éloi, en cette retraite, vit son habileté croître chaque jour, et il en consacra toutes les ressources aux travaux de l'orfévrerie religieuse. C'est par ce moyen qu'il donna à la basilique de Saint-Denis une parure sans pareille. Il faut voir dans les livres de ceux qui ont raconté l'histoire de la basilique quelles furent les belles choses qu'il imagina, comme le tombeau des saints, un dôme à colonnes, tout de marbre, d'or et de pierreries, comme l'autel avec sa boiserie rehaussée de feuillage d'or, et décorée de fruits de perles.

XVI

Mort de Dagobert.

Dagobert avait trois fils qui, tous les trois, après lui, sont montés sur le trône : Sigebert, né en 630, Chlodowig II, né en 634, et Thierry III. Le nom de Dagobert, en langue franque, signifie brillant comme le jour; Sigebert signifie brillant par la victoire; Chlodowig signifie illustre guerrier, et Thierry brave parmi le peuple.

A la suite du grand festin durant lequel l'ermite et saint Amand avaient parlé, une maladie de langueur s'était emparée de Dagobert; mais les soins de ses amis prolongèrent sa vie de quelques années. Il était rentré tout à fait dans les chemins de sagesse et de justice. Le royaume était heureux. Tout à coup on vit dépérir le roi : il s'arrêta, à cause de sa faiblesse, dans sa métairie d'Épinay-sur-Seine, et, le 19 janvier 638, il rendit l'âme à Saint-Denis où il s'était fait transporter.

Un peu avant de mourir, lorsqu'il eut congédié ses amis, Dagobert avait fait venir ses chiens et les avait caressés doucement : « Il n'y a si bonne compagnie qui ne se quitte, » leur dit-il. Par un article de son testament, Dagobert les léguait à saint Éloi, avec prière de les soigner toute leur vie et de ne les plus mener à la chasse. Saint Éloi accomplit religieusement la volonté du roi.

XVII

Funérailles de Dagobert.

Aussitôt que le roi fut mort, commença la cérémonie des funérailles. On avait coutume, en ce temps-là, de tenir prête pour l'heure de la mort une statue du roi, faite de bois et de cire, parfaitement bien peinte, de grandeur naturelle, et vêtue de la même manière que le roi s'habillait en santé. Cette effigie, pendant trois jours et trois nuits, représentait le roi défunt et recevait les hommages de ses serviteurs. On prit donc la statue royale, on la leva le matin, on la mit dans la chambre du Conseil, on la promena dans le chariot du roi, et on lui servit les plats qu'aimait Dagobert.

César, Hercule et Bellérophon, qui se faisaient vieux, mais qui portaient bien leur vieillesse, furent induits en erreur lorsqu'ils virent cette effigie de leur maître; ils jappèrent joyeusement. Ce spectacle fit pleurer les serviteurs du roi.

A quoi bon essayer de peindre la douleur des Parisiens lorsqu'ils apprirent la mort du roi, la douleur des moines de Saint-Denis, et celle des porteurs de sel qui, suivant le droit de leur corporation, portèrent le corps du roi de son lit de mort jusqu'en sa tombe? Sur cette tombe, on a longtemps admiré un bas-relief qui représentait une scène miraculeuse. C'est ici le lieu de rappeler ce qui se passa peu de temps après la mort de Dagobert, et d'invoquer le témoignage des Grandes Chroniques de France, conservées avec l'oriflamme dans le trésor de la basilique de Saint-Denis.

XVIII

La vision de messire Jean le solitaire.

En ce temps-là Ansouald, évêque de Poitiers, était allé en Sicile. Sur sa route, il rencontra une île qu'habitait un saint homme nommé Jean. Ce saint homme le reçut avec une grande charité. Quand ils eurent longtemps parlé de la joie du paradis, le saint homme ermite lui demanda, puisqu'il venait de France, de l'instruire de la vie et des mœurs de Dagobert, roi des Franks. Quand le bon vieillard eut entendu ce que l'évêque lui dit, il commença à témoigner une grande joie, disant que ce n'était donc pas une folle vision qu'il avait eue, et il lui raconta la merveilleuse scène dont il avait été témoin. « Un jour, dit-il, que je m'étais couché sur le bord de la mer, à côté d'un tamarin, pour reposer mes membres fatigués par l'âge et le travail, un homme qui avait une chevelure blanche vint à moi, me dit de me lever sur-le-champ et d'implorer la miséricorde de Notre-Seigneur Dieu pour l'âme de Dagobert, roi des Franks, qui, à cette heure même, trépassait. Comme je me préparais à lui obéir, je vis en la mer, assez près de moi, une troupe tumultueuse de diables qui emmenaient dans une nacelle l'âme du roi Dagobert qui venait de trépasser ; ils la battaient, la tourmentaient et la menaient droit vers la chaudière qui est cachée dans les flancs sulfureux du mont Etna. L'âme criait et appelait sans cesse trois saints du Paradis : saint Denis de France, saint Maurice et saint Martin. Presque aussitôt je vis des foudres jaillir du ciel, et descendre les trois glorieux saints, vêtus de robes blanches.

« Je leur demandai avec grand'peur qui ils étaient ; et ils me répondirent qu'ils étaient ceux que Dagobert avait appelés, Denis, Martin et Maurice, qu'ils venaient pour le délivrer des tourments de l'enfer et qu'ils allaient le porter dans le sein d'Abraham. En effet, ils se jetèrent sur les démons qui disparurent ; ils prirent l'âme délivrée et la portèrent dans le royaume de la joie éternelle. »

Ainsi fut accomplie la promesse de monseigneur saint Denis le martyr.

Nous croyons sans peine que si saint Denis a fait une promesse à Dagobert, il l'a tenue ; et, ravi de savoir l'âme du roi en jouissance des voluptés du ciel autant que désireux de clore cette histoire qui, aujourd'hui encore, est attestée par les vieilles chroniques, par la sculpture du tombeau de Dagobert à Saint-Denis et par un fauteuil du Musée des Souverains, nous dirons seulement ce qui suit :

> Dagobert, de noble mémoire,
> Était un prince généreux.
> C'est quelque chose pour sa gloire
> Que son nom, qui se fait si vieux,
> Reste si jeune, et que l'on chante
> Encore aujourd'hui ses exploits.
>
> D'où vient cette gloire éclatante?
> D'où vient que Franks et que Gaulois
> De ce monarque redoutable
> Ont conservé bon souvenir?
> Il aimait la chasse et la table
> Et ne pouvait se soutenir
> Le soir, au sortir de l'orgie.
> Il fut impie et fut cruel.
> Est-ce que c'est déplaire au ciel
> Que de boire de l'eau rougie?
> Que d'être sobre en ses festins
> Et de n'aller tous les matins
> Chasser le cerf ou bien la biche?
> Faut-il enfin, pour être riche
> De renommée en l'avenir,
> Dans les mêmes erreurs venir,
> Imiter en tout ce sauvage
> Et très-emporté Dagobert?

Non; mais il faut être assez sage
Quand on est roi (ce qui vous perd)
Pour croire qu'un prince peut rire
En même temps que gouverner,
Qu'on double souvent son empire
Lorsqu'en riant l'on sait régner,
Qu'un sceptre rude par soi-même
Sur les petits frappe trop tôt,
Et que tout roi qui veut qu'on l'aime
Doit être un peu roi d'Yvetot.

Le peuple vous en tient grand compte
Et sa voix jusques au ciel monte.

Et puis Dagobert eut l'esprit
(Voyez un peu comme il finit)
De faire à temps sa pénitence.
Le tout n'est pas comme on commence ;
Le principal est de finir.
C'est ainsi que le repentir
Est la vertu par excellence
Et celle qui dans la balance
Doit le plus de place tenir.

GENEVIÈVE DE BRABANT

NOTICE.

Sachez bien, petits enfants, que vos pères et que vos mères ont pleuré en lisant autrefois l'histoire que vous allez lire, et qu'avant eux leurs parents avaient pleuré aussi. Je ne crois pas qu'il y ait au monde un récit plus connu, et vous allez voir qu'il n'y en a pas beaucoup qui soient aussi intéressants.

Il faut que vous sachiez que, s'il n'y a pas de fumée sans feu ou de feu sans fumée, il n'y a pas non plus de légende qui ne découle de quelque histoire véritable.

Un savant d'Allemagne, Freher, a composé un recueil pour servir à l'histoire des origines des comtes Palatins. Eh bien, dans ce recueil, il y a, en latin, un récit qui n'est autre chose que le récit des aventures de notre belle et infortunée Geneviève. Freher prétend que ce récit a été écrit dès le huitième siècle; il n'est pas nécessaire de lui assigner une date aussi ancienne, et il suffit de croire avec un autre savant d'Allemagne, Brower, qu'il remonte à l'année 1156.

Voilà donc une antiquité assez vénérable acquise à l'histoire lamentable des méchancetés du traître Golo.

Toutes les nations d'Europe, depuis que Geneviève a souffert, ont rendu un culte à sa mémoire. D'abord ç'a été la tradition qui, pendant longtemps, s'est chargée du soin d'instruire les générations de ses aventures ; puis l'imagination des enfants et des habitants de la campagne n'a pas été seule émue au récit de tant de misères, et les poëmes, les chansons, quelquefois même les pièces de théâtre ont choisi Geneviève pour leur héroïne. Bien plus, il y a eu des écrivains ecclésiastiques qui l'ont considérée comme une sainte, et on place sa fête au 2 avril.

Toutefois, on ne connaît pas sur Geneviève de légende populaire en prose qui ait été écrite dans le style des romans du moyen âge.

Le récit que vous allez lire ici est, à peu de chose près, l'œuvre du Père de Cerisiers, qui vivait sous Louis XIII et sous Louis XIV, et qui a publié en 1646 l'*Histoire de Geneviève* ou l'*Innocence reconnue*. En faisant disparaître quelques longueurs, en ajoutant quelques détails qui jettent un peu de clarté sur les parties les plus obscures de cette histoire, et enfin en retouchant un peu le style de l'auteur, on n'a pas altéré la couleur de son récit, et on n'a, au fond, rien changé que pour mieux conserver l'ensemble.

Petits enfants, apprenez donc à la fois, en lisant la vie de Geneviève de Brabant, à savoir souffrir sans cesser d'être vertueux et sans vous décourager, et aussi à raconter simplement les belles actions.

GENEVIÈVE DE BRABANT.

I

Naissance et premières années de Geneviève.

Vers le temps où la gloire du grand Clovis commençait à s'obscurcir, et où les enfants de ce monarque dégénéraient en courage, dans une des provinces de la Gaule Belgique, qui fut autrefois le pays de Tongres[1], naquit une fille des princes de Brabant. A peine cette petite créature vit-elle les rayons de la lumière, que ses parents la firent baptiser. Elle devint ainsi fille du ciel, et, par la grâce divine, elle reçut le doux nom, le beau nom de Geneviève.

Tout de suite de gracieuses vertus lui vinrent, et, avant toute autre vertu, une dévotion pleine de délicatesse. C'était assez d'être raisonnable pour n'être plus pécheur après l'avoir admirée. Le plus doux plaisir qu'elle connût, c'était l'amour de la retraite et de la solitude.

Cette inclination lui fit bâtir un ermitage au coin d'un jardin; elle y dressait de petits autels de mousse et de ramée, et y passait en prière les belles journées de printemps, entre les lilas fleuris et les roses. Quand sa mère lui disait qu'il était temps d'avoir d'autres pensées, elle répondait : « C'est là que les plus grands saints sont allés chercher les traces du Seigneur. »

Ah! Geneviève, vous ne savez pas d'où vous est venue cette inclination, et pourquoi Dieu vous l'a donnée! Un jour viendra où vous suivrez l'exemple

---

[1]. Il existe encore une petite ville de Tongres, en Belgique, dans le Limbourg, entre Liége et Maëstricht.

de cette grande pénitente[1] à laquelle l'Égypte a donné son nom ; vous prierez Dieu dans le désert. Ce sera alors que vous reconnaîtrez la Providence divine, qui dispose de vous par des moyens saints, inconnus à tout autre qu'à elle. Dieu a coutume de nous donner à la naissance des qualités qui font nos fortunes diverses et l'ordre entier de notre vie. Le grand archevêque de Milan, saint Charles Borromée[2], tout petit enfant qu'il était, bénissait ses camarades en leur imposant les mains.

Mais tous ceux qui remarquaient les dévotions de notre petite vierge ne pénétraient pas dans les desseins de Dieu, et ne voyaient pas ce qui ne parut que longtemps après.

1. Sainte Marie l'Égyptienne. Cette sainte, après s'être convertie, vécut pendant près de cinquante ans dans le désert, priant et pleurant ses fautes passées. Il y avait à Paris, dès le quatorzième siècle, une chapelle placée sous l'invocation de sainte Marie l'Égyptienne. La chapelle a disparu : mais le nom de la sainte a laissé sa trace dans le nom de la rue de la Jussienne, où la chapelle était bâtie.
2. Saint Charles Borromée, archevêque de Milan, né en 1538, mort en 1584, canonisé en 1610 par Paul V.

II

Adolescence de Geneviève.

Ne nous arrêtons pas à décrire les perfections de la jeunesse de cette grande et chère sainte, et arrivons tout d'un coup à la dix-septième année de l'incomparable Geneviève de Brabant. Disons seulement qu'il semblait que la nature eût fait des coups d'essai dans toutes les autres beautés de son siècle, pour donner dans la sienne un ouvrage accompli de sa puissance. Geneviève n'avait garde, dans le désir d'accroître cette beauté, d'y vouloir ajouter par les artifices qui sont faits pour embellir la laideur. Elle n'avait point d'autre vermillon que celui qu'une honnête modestie mettait sur ses joues, point d'autre blanc de fard que celui de l'innocence, et point d'autre senteur que celle d'une bonne vie. Aussi n'y avait-il point sur son visage de rides à réparer par le pinceau.

III

Geneviève est demandée en mariage.

Bien que Geneviève apportât fort peu de soin à faire ressortir sa beauté naturelle, cela n'empêcha pas qu'elle ne fût recherchée par un nombre infini d'admirateurs. Parmi ceux qui la demandèrent en mariage, Sigifrius, ou Sifroy, ne fut pas le plus malheureux, puisqu'il obtint ce que tant d'autres avaient désiré.

Le jeune seigneur, ayant appris de la renommée une partie des perfections de la princesse, en voulut plutôt croire ses yeux que le bruit commun.

Le voilà en chemin avec un équipage si magnifique, qu'il ne laissa à aucun de ses rivaux la possibilité de soutenir la comparaison.

Étant arrivé, il alla tout aussitôt faire la révérence au prince et à la princesse sa femme, qui lui permirent de saluer leur fille Geneviève, à laquelle il fit toutes les offres de services qu'on pouvait attendre d'un attachement sincère. « Je n'ai jamais rien contemplé de si suave ! » s'écria-t-il après l'avoir vue.

D'abord, il n'était attentif qu'aux charmes de sa figure ; mais il ne l'eut pas entretenue deux fois qu'il la trouva remplie de tant de douceur et d'une telle modestie, que son affection en fut doublée. Il alla donc trouver le prince et la princesse de Brabant, auxquels il déclara le motif de son voyage.

« Si vous êtes, leur dit-il, aussi favorable à mes projets que votre douceur me le fait espérer, je m'estimerais le plus heureux des hommes. Je ne suis point, grâce à Dieu, sorti d'une maison dont le nom ne puisse être cité avec honneur; et, quand la gloire de mes ancêtres n'ajouterait rien à mon mérite, je ne suis pas, par moi-même, un parti à dédaigner. La fortune m'a donné assez de biens pour que je puisse soutenir la dignité de votre race; et, quand ces biens seraient moindres, je ne pourrais vous taire la vive affection que j'ai pour la princesse votre fille, non pas tant à cause de sa beauté, qui est incomparable, qu'à cause de ses vertus qui sont sans exemple. C'est donc à vous de faire ma joie ou ma peine. »

Il est peu de sages filles qui ne soient inquiètes quand on leur parle de contracter mariage et de quitter le toit paternel. Geneviève fut bien troublée; mais ses parents accueillirent Sifroy, et par obéissance elle devint dame palatine[1].

---

1. Les anciens seigneurs du Palatinat s'appelaient *palatins*. Le Palatinat, divisé en bas et haut Palatinat, s'étendait autrefois sur les deux rives du Rhin, entre la Souabe, Bade et la Westphalie. Primitivement, les *comtes palatins* étaient des officiers chargés de rendre la justice dans les *palais* de l'empereur. Le Palatinat devint peu à peu leur domaine héréditaire.

IV

Noces de Geneviève.

Rien ne fut oublié de toutes les réjouissances qui pouvaient honorer une noce si belle.

Tous ceux qui virent le bonheur de ce mariage le crurent éternel. Mais hélas! il y a beaucoup d'épines pour une rose!

Après que les jeunes époux eurent passé quelques mois à la cour de Brabant, il fallut partir pour aller à Trêves [1]. Les parents de Sifroy reçurent Geneviève avec tout le respect que sa naissance et son mérite devaient attendre. Saint Hidulphe, qui était alors pasteur de cette grande ville, fut bien aise de voir sa bergerie accrue d'une innocente brebis.

Bientôt Geneviève quitta la ville pour aller habiter une de ses maisons de campagne. Cette campagne était un fort joli château, entouré d'un grand parc vert où il semblait que le printemps régnait toujours. Ce fut dans ce lieu plein de délices que Sifroy et Geneviève vécurent quelque temps de la plus douce et innocente vie.

---

1. Ancien électorat et archevêché célèbre de l'Allemagne, sur la Moselle, dans la Prusse rhénane.

V

Les Sarrasins arrivent d'Espagne.

Il eût fallu que ce bonheur durât toujours. A peine deux ans s'étaient écoulés, lorsque Abdérame[1], roi des Maures, qui avait passé d'Afrique en Espagne, songea à satisfaire son ambition par la conquête de l'Europe entière. La France, pays voisin de ses campements, lui parut un friand morceau à prendre tout d'abord; comme il craignait d'y trouver d'autres ennemis plus rudes que les Wisigoths[2] d'Espagne, il leva la plus formidable armée que l'Occident eût jamais vue. La renommée d'une telle armée, jointe à la vivacité des intérêts engagés dans la lutte, amena auprès de Charles Martel[3] une noblesse nombreuse qui était fière d'avoir à combattre des ennemis aussi terribles,

---

1. Abdoul-Rahaman-Ben-Abdoullah-el-Gbafiki, vice-roi d'Espagne sous le calife Yésid, fut battu près de Tours, au mois d'octobre 733.

2. Les Wisigoths, venus avec Ataulf, occupaient l'Espagne depuis le cinquième siècle, après l'avoir enlevée aux empereurs de Rome.

3. Maire du palais sous les premiers rois fainéants; il était fils de Pépin d'Héristal, et, comme lui, chef des seigneurs de la Gaule franque. Martel ou Marteau est le surnom qui lui fut donné lorsqu'il eut vaincu et pour ainsi dire écrasé l'armée des Arabes ou Sarrasins.

et de les combattre sous le commandement d'un si glorieux capitaine.

Sifroy, en sa qualité de puissant chevalier, aurait eu honte de se reposer dans son bonheur pendant que d'autres songeaient au salut public. Mais comment quitter Geneviève ? Comment la résoudre à une séparation ? Ils pleurèrent longtemps avant de pouvoir s'y décider l'un et l'autre ; et, lorsque Dieu eut enfin envoyé à Geneviève une forte résolution, lorsque Sifroy quitta sa jeune et belle et bonne Geneviève, ils pleurèrent bien plus encore

VI

Départ de Sifroy.

Les préparatifs étant terminés et le jour du départ venu, le comte appela tous ses domestiques, et, après leur avoir recommandé l'obéissance envers sa chère femme, il prit son favori par la main et, le présentant à Geneviève, il dit : « Madame, voici Golo à qui je laisse le soin de vous consoler. L'expérience que j'ai de sa fidélité me fait espérer que l'ennui que va vous causer mon absence sera en quelque façon tempéré par le zèle de ce bon serviteur. »

Mais Geneviève ne songea guère à Golo ; elle se pâma en voyant venir l'heure du départ ; on la releva, elle retomba par trois fois. Tous les domestiques coururent aux remèdes pour rappeler son âme qui semblait s'enfuir, soit douleur de voir partir Sifroy, soit crainte de demeurer sous la conduite de Golo.

Le comte, qui avait aperçu le changement qui s'était fait sur le visage de la comtesse lorsqu'il lui avait parlé de la fidélité de son favori, baissa les yeux et dit : « C'est à vous seule, reine du ciel, glorieuse mère de mon Sauveur, que je laisse le soin de ma chère Geneviève.

— Allez, Sifroy, reprit Golo ; allez hardiment où vous appelle l'honneur. Ne craignez pas qu'il arrive aucune disgrâce à votre femme ; vous ne pouvez la mettre en de plus sûres et en de plus fidèles mains que les miennes. »

VII

Premiers jours de tristesse.

Sifroy partit et arriva à l'armée, où il fut reçu avec joie par le grand Charles Martel, et presque aussitôt la campagne commença.

Geneviève recevait des messages fréquents qui lui faisaient part des marches et des travaux de l'armée. Ces nouvelles lui causaient une grande peine ; car les Francs étaient fort en péril.

Charles Martel conduisit ses troupes vers la Loire, à peu de distance de la grande ville de Tours. Il ordonna aux habitants de n'ouvrir leurs portes qu'aux vainqueurs, et, pour ôter aux lâches tout espoir de fuite, il mit sur les ailes de son armée des corps de cavalerie chargés de couper les jarrets à ceux qui se retireraient des rangs pour prendre la fuite.

VIII

Bataille de Tours.

Avant de commencer la bataille, Charles parla ainsi à ses soldats :

« Compagnons, je vois bien que vous brûlez d'en venir aux mains et qu'il ne vous faut point faire de longs discours.

« Ne cherchons pas dans les siècles passés des exemples de courage et de vertu ; donnons-en plutôt à la postérité. Et cela nous est facile aujourd'hui ; il faut vaincre, amis, il faut vaincre. Quand nous aurions résolu de rester insensibles à nos intérêts, à la ruine de nos maisons, au carnage fait dans nos villes, à la désolation de nos femmes, l'injure faite à Dieu et à la religion chrétienne [1] suffirait.

---

1. Les Arabes voulaient conquérir le monde au nom du dieu de Mahomet.

« Compagnons, il s'agit de défendre ce Dieu que nous adorons, ces saints que nous honorons, cette religion que nous professons. Permettrez-vous à ces Maures [1] d'outrager chez nous notre Église ?

« Allez, chers compagnons, allez combattre pour la gloire de la France. Le glorieux saint Martin [2] est avec vous ; c'est sous les murs de sa ville que nous allons vaincre. En avant ! Pour notre Dieu et pour notre patrie qui doit un jour gouverner le monde ! »

Le frémissement des soldats s'était accru à chaque phrase. Ils s'écrièrent : « En avant ! » avec leur chef, et coururent au combat. Comme des lions ils écrasèrent l'armée des infidèles. Les Sarrasins s'enfuirent, laissant sur le carreau leur roi et trois cent soixante-quinze mille morts.

IX

Gloire de Sifroy.

Après cette heureuse journée, on présenta à Martel un grand nombre de genettes [3] qui sont de petits

---

1. On appelait les Arabes du nom de Maures, parce qu'avant d'occuper l'Espagne, ils s'étaient d'abord établis, sur les côtes de l'Afrique, dans l'ancienne province de Mauritanie, qui comprend aujourd'hui l'Algérie, Tunis, Tripoli et une partie du royaume de Maroc.
2. Patron de Tours.
3. Groupe de mammifères carnassiers, démembré récemment

animaux noirs mouchetés de rouge; Charles Martel voulut les faire servir de trophée à sa victoire, et il institua l'ordre de la Genette. Il y eut seize chevaliers de l'ordre, et Sifroy fut l'un d'eux. Aussi envoya-t-il un de ses gentilhommes à Geneviève avec une lettre que voici :

« Madame, je puis bien dire que je n'avais jamais connu les amertumes de la vie. C'est depuis que je suis séparé de vous qu'il m'a été donné de les connaître. Au souvenir de notre commune félicité, les regrets de l'absence deviennent bien cuisants, et je ne puis me rappeler que j'ai été le compagnon de votre existence sans me trouver présentement le plus malheureux des hommes.

« Si l'assurance que j'ai de vivre dans votre cœur ne flattait ma douleur, il y a longtemps qu'elle serait tout à fait maîtresse de mes sens et qu'elle ne trouverait plus de remède dans ma raison.

« C'est la confiance que vous avez dans les joies de notre avenir qui m'a enhardi au milieu des périls que je viens de courir. Grâce au ciel, je n'ai reçu aucune blessure, et je pourrai bientôt me consacrer tout entier au bonheur de ma femme chérie.

« Je vous en conjure donc, aimable épouse, essuyez vos larmes et arrêtez ces soupirs dont l'écho

---

du genre des *civettes*. La genette vulgaire se rencontre dans le midi de la France.

vient jusqu'à moi et me trouble. Prenez part à ma bonne fortune, réjouissez-vous de la grande victoire qui a glorifié nos drapeaux. Et, afin que vous ayez quelque sujet de le faire, je vous offre le présent dont il a plu à notre chef d'honorer mon courage et ma hardiesse.

« Je ne puis le présenter à une personne qui me soit plus chère, et, si vous le recevez avec la joie que je me promets, j'en tirerai autant de satisfaction que si l'on m'érigeait des statues, et que si toutes les bouches de la renommée étaient employées à parler au monde de mon mérite. Adieu, madame. »

C'était le chevalier Lanfroy qui était chargé de porter à Geneviève la lettre de son mari; la diligence qu'il fit fut très-grande et bientôt il arriva auprès d'elle. Quand on vint lui dire qu'il était venu un gentilhomme de la part de Sifroy, elle ne put contenir sa joie et sur-le-champ demanda de ses nouvelles. « Madame, dit le chevalier, voici des lettres qui vous en instruiront de meilleure grâce que moi. »

Elle les ouvrit et les lut plusieurs fois de suite. Néanmoins sa joie ne fut pas aussi grande que si elle eût appris le prochain retour de celui qu'elle aimait. Elle interrogea Lanfroy, qui lui apprit que son maître allait quitter Tours, avec Charles Martel, pour se mettre à la poursuite des Sarrasins et faire le siége d'Avignon. Tous ces discours ne plaisaient en aucune façon à la comtesse, qui voyait que la guerre allait retenir son mari pour longtemps.

X

Réponse de Geneviève.

Elle pleura, et, lorsque le gentilhomme de Sifroy dut repartir, elle lui remit cette réponse :

« Cher Sifroy, si la lettre que vous m'avez écrite m'a donné quelque consolation, je n'en veux d'autre témoin que celui qui me l'a remise ; mais si elle m'a laissé concevoir de nouvelles craintes, il n'y a que mon amour qui vous puisse le dire. Je vous croyais sur le point de revenir au milieu de ces lieux qui étaient si joyeux naguère, et qui maintenant sont pleins de tristesse. Vous ne revenez pas, votre absence se prolonge, et peut-être mon malheur ira-t-il si loin que le temps de cette absence sera plus long que ma vie.

« Quand les nouvelles de cette grande bataille de Tours me furent apportées, je ne vous puis exprimer de combien de craintes mon cœur fut saisi ; cette tempête est passée, cet orage est dissipé, et vous me jetez dans un autre désespoir.

« Hélas ! que vous avez l'air de peu appréhender ce qui m'expose au hasard cruel de perdre mon époux! Considérez, cher Sifroy, que la fortune n'a pas de moyen plus extraordinaire pour faire sentir ses félicités que leur peu de durée. Sa constance, ne pouvant être assurée, doit être suspecte.

« Ne m'estimez pas ignorante à ce point des retours de la prospérité. Je les redoute, et je sais d'ailleurs que des ruisseaux de sang ennemi ne valent pas une goutte du sang de mon cher époux. Cette seule pensée me fait espérer que vous saurez modérer votre courage, qui est le plus redoutable de vos ennemis, de peur d'exposer aussi votre Geneviève à la mort. Si vous avez résolu de chercher les occasions de mourir, et si vous oubliez ma douleur, songez au moins à l'enfant dont je vais être bientôt mère. »

La douleur avait commencé cette lettre et la douleur la finit. Notre palatin était au siége d'Avignon[1] quand il la reçut. Vous dire le trouble que les dernières paroles jetèrent dans son âme, je ne l'essayerai pas.

XI

Golo médite ses méchancetés.

Golo, à qui Sifroy avait donné plus d'autorité que Joseph n'en reçut de Pharaon, avait d'abord

---

[1]. Les Arabes avaient occupé l'ancien territoire que les Wisigoths avaient conquis dans le midi des Gaules, et qui s'étendait des Pyrénées au Rhône.

traité Geneviève avec le respect qu'il devait à sa vertu. Mais lorsque Sifroy fut parti depuis quelque temps, il trouva que sa douleur la rendait plus belle, et il sentit naître en lui une grande envie du bonheur de Sifroy. Il se permit de désirer la comtesse pour femme et il ne sut pas contenir sa passion naissante, de sorte qu'il tomba dans l'iniquité et conçut l'idée du crime le plus cruel.

Son rêve fut d'empêcher le retour du comte, et de persuader à Geneviève que lui, Golo, était digne de devenir son époux. Toutefois, comme il fallait du temps pour arriver à l'accomplissement de ce rêve il commença par sonder le cœur de la comtesse. Un jour qu'elle regardait quelques tableaux qu'elle avait fait faire, il se rendit vers elle et s'occupa en apparence de ces peintures. Elle l'interrogea sur l'un des tableaux, qui était son propre portrait. Golo, qui ne cherchait qu'une occasion d'exprimer ce qu'il sentait, voyant que les demoiselles et les domestiques de la comtesse étaient trop éloignés pour l'entendre, lui dit : « Vraiment, madame, il n'est point de beauté qui approche de cette figure; pour moi, je m'estime heureux d'y attacher à jamais toutes mes affections. »

En parlant ainsi, il tenait son regard arrêté sur Geneviève, qui s'en apercevait bien, mais qui fit semblant de ne rien comprendre aux paroles équivoques de son intendant. Golo devina la secrète pensée de Geneviève, et voyant qu'elle entendait, quoiqu'elle s'en cachât, ce qu'il voulait lui dire, prenant d'ailleurs la sage dissimulation de sa maîtresse pour un consentement réel, il montra son visage plus à découvert, et ses soupirs se mêlèrent à ses paroles.

« Madame, dit-il, je ne vois rien d'aimable que vous; j'ose croire que vous me jugez digne de votre amitié, et, s'il vous plaît, au cas que Sifroy meure, de m'accepter un jour pour époux, je ne me plaindrai pas. »

XII

Épouvante de Geneviève.

Ces mots furent un coup de foudre pour Geneviève; néanmoins, lorsqu'elle eut repris ses sens, sa colère et son indignation s'exhalèrent librement; elle représenta à Golo la honte de son infidélité avec des reproches si amers, que, s'il avait véritablement aimé Geneviève, il aurait eu bien de la douleur en l'entendant lui exprimer son mépris.

Elle disait : « Misérable serviteur, est-ce ainsi que vous gardez la fidélité promise à votre maître ? Avez-vous bien osé former le désir de la mort de mon époux ? Avez-vous osé croire que je consentirais à devenir jamais votre femme, moi qui ai autant d'horreur de votre crime que d'envie de le punir ? Et comment avez-vous cru que mon silence devait vous encourager ? Gardez-vous désormais de me tenir de pareils discours : j'ai le moyen de vous faire repentir de votre folie. »

Que pouvait faire Golo en entendant ces paroles ? Il n'était plus temps de répondre, et déjà les servi-

teurs de la comtesse s'étaient aperçus de son émotion. Il comprit qu'il fallait dissimuler, et il s'excusa de cette façon ambiguë : « Madame, s'il y a de ma faute en ce que vous me reprochez, j'espère vous donner telle satisfaction qu'il y ait lieu de m'accorder mon pardon et de me faire miséricorde. »

Ceux qui entendirent ces paroles crurent que l'intendant l'avait offensée dans le service de la maison et qu'il promettait de réparer son offense.

VIII

Perfidie du traître Golo.

Il y avait au service de Sifroy un pourvoyeur qui avait gagné les bonnes grâces de Geneviève à cause de sa grande vertu et de son zèle. L'intendant, s'en étant aperçu, partit de là pour imaginer une trahison nouvelle et plus infâme. Il résolut de demander encore à Geneviève de consentir à l'exécution de ses projets, et se promit, si elle refusait, de l'accuser d'aimer son vertueux pourvoyeur et de songer avec lui à empêcher le retour de son époux. Sifroy apprendrait par lui que ce serviteur avait osé prétendre en secret à l'amitié et à la main de la comtesse, et que celle-ci ne lui avait pas témoigné d'aversion.

Geneviève portait alors en son sein l'enfant dont elle avait parlé dans sa lettre.

Un soir que la fraîcheur du temps invitait à la promenade, Geneviève sortit et se promena dans le jardin. Golo, feignant d'avoir quelque affaire à lui communiquer, s'approcha d'elle et, après plusieurs paroles lancées à dessein, il lui dit : « Madame, si je vous parle, ce n'est pas pour vous contraindre à m'aimer contre votre inclination, mais seulement pour vous disposer à être moins cruelle et à m'accorder la demande que je vous fais d'avancer ma mort avec ce fer, et de me punir du crime que j'ai commis. » En même temps il lui tendait un poignard.

Geneviève ne répondit pas. Piqué de ce silence, Golo se retira plein de rage. Quelques jours après, il fit appeler deux ou trois des plus anciens serviteurs de la maison, et, laissant couler de ses yeux des larmes perfides, il leur parla de la sorte :

« Mes amis, je ne saurais vous faire comprendre le déplaisir avec lequel je me trouve dans la nécessité de vous découvrir une chose que j'ai longtemps cachée. Je me tairais s'il ne s'agissait de notre maître, que Madame la Palatine a trahi.

« Oui, j'ai honte, et je n'ose qu'en me contraignant dire ce que j'ai vu. Mais quel moyen de vous cacher ce qu'à la fin vous-mêmes vous découvririez!

« Vous connaissez Raymond, le pourvoyeur. Eh bien! cet hypocrite serviteur a conseillé à Geneviève une résolution criminelle. Ils ont formé le projet d'empêcher le retour de notre maître et de s'unir° par le mariage. Déjà ils préparent les moyens nécessaires à l'exécution de ce projet coupable. J'ai surpris leur secret, moi en la fidélité de qui s'est reposé Sifroy.

« Ah! traître et perfide pourvoyeur! est-ce ainsi que tu couvrais tes pensées du voile de la vertu? C'était donc là ce que promettait le zèle de ton service! Il faut que ce monstre ait employé la magie et les sortiléges pour aveugler ainsi l'esprit de Geneviève.

« Voilà, mes amis, ce qui est. J'ai cru que je devais prendre vos avis sur une si triste affaire, afin de cacher l'infamie de cette maison autant que cela sera possible. Néanmoins, je dois et je vais donner avis à notre seigneur de la déplorable situation dans laquelle nous nous trouvons tous. »

XIV

Geneviève est menée dans la Tour.

Un jour que Geneviève était encore couchée; Golo appela le pourvoyeur et, avec des paroles qui avaient le son du tonnerre, il lui reprocha d'avoir employé la magie pour égarer l'esprit de la comtesse et l'amener à des résolutions voisines de la folie. Le pauvre Raymond eut beau protester de son innocence, prendre le ciel et la terre à témoin du respect qu'il avait pour la femme de son maître, il fallut qu'il se laissât conduire dans la prison que Golo lui avait fait préparer. Ce fut une chose bien triste que de voir le traître, après avoir fait enfermer le pourvoyeur, se rendre dans la chambre de Geneviève et lui dire que Raymond avait avoué sa part de leur crime commun. La sainte femme eut besoin de toute sa vertu en cette rencontre; encore sa patience eut-elle quelques moments d'oubli : elle se plaignit. Mais Golo avait séduit ou convaincu tous les gens de la maison; et personne ne l'écouta, personne ne fut ému de sa misère. Golo, l'ayant bien atterrée, la fit prendre et conduire en une tour voisine de celle où était renfermé Raymond. De là elle entendait ses cris.

Tant de peines pouvaient la faire mourir en l'état où elle se trouvait; mais Dieu prit un soin particulier de la mère et de l'enfant qui allait naître.

Pauvre Geneviève, de quelles angoisses ses jours et ses nuits ne furent-ils pas remplis en cette prison cruelle! Elle priait, elle pleurait, elle gémissait.

« Hélas! mon Dieu, disait-elle, est-il possible que vous permettiez les maux que je souffre, vous qui avez une parfaite connaissance de mon innocence? Que vous ai-je fait pour que vous me rendiez le triste sujet de tant de douleurs? Ah! Dieu plein de pitié, n'avez-vous pas de châtiments plus doux et moins honteux pour moi? Au moins sauvez l'enfant qui m'est promis; protégez-le lorsqu'il sera venu au monde; ne l'enveloppez pas dans ma ruine. Je consens à mourir, mais qu'il vive! Je consens à périr déshonorée, mais qu'il grandisse en gloire! Frappez-moi sans que les coups retombent sur lui. Peut-être un jour votre miséricorde fera-t-elle que justice soit rendue à la mère misérable, affligée, mais innocente. »

C'est dans ces lamentations que Geneviève exhalait sa douleur nuit et jour, sans espérer aucun soulagement.

Golo veillait sur ce trésor; il venait la visiter souvent, et alors, dans l'ombre et le silence de la tour, il lui parlait un langage coupable; il essayait de la faire consentir au crime qu'il avait conçu et dont il accusait le pourvoyeur; il usait à la fois des exhortations et des menaces. Si elle ne fléchissait pas, disait-il, nulle voie de salut ne lui était ouverte, et Sifroy ne la croirait jamais innocente. Elle n'avait donc qu'à l'écouter, lui, Golo, qui s'était fait son accusateur et son geôlier parce qu'elle refusait de devenir sa femme. Toutes ces importunités affligeaient Geneviève bien autrement que les maux de la prison.

Golo fit de nombreuses tentatives sans se laisser

décourager par l'obstination des vertus de sa victime. Enfin il résolut d'employer une autre manœuvre; il parla du retour prochain du comte, et annonça que Sifroy s'était embarqué et revenait par mer. Peu après, il dit que le vaisseau avait fait naufrage et que Sifroy était mort.

XV

Nouveaux artifices du traître Golo.

Sur cette nouvelle il supposa des lettres qu'il fit arriver jusqu'à Geneviève, afin de la convaincre de la mort de son mari. Mais la bienheureuse Vierge Marie, mère de Dieu, révéla dans un rêve à la comtesse l'artifice de Golo.

Golo essaya d'employer la femme qui portait à Geneviève sa nourriture; il la conjura de gagner le cœur de sa maîtresse et d'adoucir son esprit par tous les artifices dont elle pourrait s'aviser. Il espérait réussir par ce moyen; mais il se trompa, car il trouva que la vertu de Geneviève ressemblait à un rocher. Si les vents le battent, c'est pour l'affermir; si les flots le frappent, c'est pour le polir. Ni menace, ni flatterie, ni douceur, ni cruauté; rien ne la fit succomber.

XVI

Naissance de Bénoni dans la tour.

Cependant le terme arriva auquel Geneviève eut un fils. Abandonnée de tous, Geneviève devint mère au milieu d'une grande désolation. « Hélas ! mon pauvre enfant, dit-elle, en quel triste moment viens-tu prendre ta part de la vie ? Tu ne sais pas combien ta mère souffre de douleurs ! Tu ne sais pas que mes misères seront les tiennes ! » Et elle l'embrassait, et elle mouillait de larmes ses petites joues tremblantes.

Craignant que le besoin ou la rigueur de Golo ne le fît mourir bien vite et hors de la grâce de Dieu, elle l'ondoya et le baptisa du nom de Bénoni ; puis elle lui fit des langes avec de vieux linges qu'on lui avait laissés.

XVII

Lettre de Golo à Sifroy.

Sifroy ignorait toutes ces choses. Golo, voyant qu'un fils était né à Geneviève et appréhendant le retour prochain de son maître, résolut de ne plus retarder l'achèvement du malheur de la comtesse.

Deux mois environ après la naissance de Bénoni, il appela un des serviteurs qu'il avait trompés, et le chargea, après lui avoir donné ses instructions, de porter au comte palatin une lettre ainsi conçue :

« Mon noble seigneur, si je ne craignais de publier une infamie que je veux cacher, je confierais un grand secret à ce papier. Mais tous vos domestiques, et particulièrement celui-ci, ayant vu le zèle dont j'ai usé et les artifices qui ont trompé ma prudence, je n'ai besoin que de leur témoignage pour mettre ma fidélité en lumière et mon service en estime. Croyez tout ce que vous dira Herman le jardinier, et mandez-moi votre volonté pour que j'y obéisse. »

Nous avons dit que le comte était au siége d'Avignon quand il reçut les premières nouvelles de sa femme. Jamais on ne vit étonnement pareil à celui que montra le palatin en lisant la lettre de Golo et en entendant le discours du messager. Il ne méditait que de hautes et cruelles vengeances. De la stupéfaction il tombait dans la colère, de la colère dans la fureur, de la fureur dans la rage.

« Ah! maudite femme! fallait-il si malheureusement attrister la joie de mes triomphes, si honteusement souiller la gloire que j'ai tâché d'acquérir pour toi? Devais-tu employer tant d'artifices pour couvrir ta perfidie, et devais-tu feindre une âme si pieuse lorsqu'elle était si criminelle? Eh bien ! puisque tu n'as tenu compte de moi, de toi je ne tiendrai compte. Je n'épargnerai ni ton sang ni celui de ton enfant. »

Après avoir bien pensé à la vengeance qu'il devait tirer du crime de sa femme (et sans songer à

douter des assertions de Golo), il appela le messager, et lui ordonna de dire à son intendant qu'il fallait que Geneviève fût étroitement enfermée et que personne ne pût la voir. Quant à Raymond le pourvoyeur, on n'avait qu'à inventer le plus atroce des supplices pour punir le plus hideux des crimes.

Golo reçut avec plaisir les ordres de son maître. Il commença par se débarrasser de Raymond, et, sans chercher un supplice public dont il craignait l'éclat, il le fit empoisonner. Ce fut le premier acte de la tragédie.

XVIII

Golo et la sorcière de Strasbourg.

Ayant appris que le comte devait revenir bientôt, Golo alla au-devant de lui jusqu'à Strasbourg[1]. Il y avait dans le voisinage de la ville une vieille sorcière, sœur de sa nourrice, dont il crut devoir se servir. Il alla en sa maison, et la pria d'user de ses artifices de façon à ce que Sifroy crût ce qui n'avait jamais été. Tout étant ainsi concerté, il se rendit au-devant du palatin son maître, qui le reçut avec mille témoignages de bienveillance. Sifroy le tira bientôt à l'écart et lui demanda des nouvelles de l'état déplorable de sa maison. Ce fut alors que Golo feignit une vive douleur et laissa couler de ses yeux des ruisseaux de larmes. Le comte louait infiniment la conduite de son intendant.

Enfin Golo lui dit : « Monseigneur, je ne crois pas que vous doutiez d'une fidélité que je voudrais

---

1. En Alsace, sur la rivière d'Ill, près du Rhin.

vous témoigner au préjudice de ce que j'ai de plus cher et au prix de ma vie elle-même ; mais si vous voulez avoir d'autres preuves de cette mauvaise affaire, j'ai le moyen de vous faire voir comment se sont passées les choses. Il y a près d'ici une femme fort savante, qui vous instruira autant que le permettra Votre Seigneurie. »

A ces paroles, Sifroy se sentit surpris par une curiosité qui devait lui coûter des regrets ; il pria Golo de le conduire dans cette maison.

Sur le soir, le comte et son confident se dérobèrent du milieu de leur suite et se rendirent secrètement au logis de la sorcière. Le palatin lui mit dans la main une assez bonne quantité d'écus, et la conjura de lui faire voir tout ce qui s'était passé en son absence. La vieille rusée, qui voulait accroître son désir par un refus, feignit d'y voir des difficultés, et essaya de l'en détourner par mille raisons. Elle lui disait, par exemple, qu'il verrait peut-être des choses dont l'ignorance lui serait plus utile que la connaissance n'en était désirable, et qu'un malheur qui n'est pas tout à fait connu et n'est que soupçonné se trouve être par là moins affligeant. Tout cela n'était dit que pour aiguillonner Sifroy et rendre le piége plus sûr. Il répondit qu'il était résolu à tout connaître, quoi qu'il pût lui en coûter. Alors elle le prit par la main, et Golo de même, et elle les mena dans une cellule voûtée, pratiquée au-dessous de sa cave. Rien ne donnait de lumière que deux grosses chandelles de suif verdâtre.

Après avoir marqué deux cercles sur le sol avec sa baguette, elle mit Sifroy au milieu de l'un des deux, et prononça sur lui certains mots dont le son épouvantable faisait dresser les cheveux ; elle tourna trois fois à reculons autour de l'autre cercle, et arriva près d'un seau plein d'une eau noire et huileuse.

Elle souffla trois fois sur cette eau. Lorsque les rides formées par le souffle s'affacèrent, elle appela le comte, qui regarda. Il fit trois génuflexions sur son ordre, et après chacune des génuflexions un tableau se montra sur la face de l'eau. La première fois il aperçut sa femme qui parlait au pourvoyeur avec un visage riant et d'un air plein de douceur ; la seconde fois, il la vit qui le recevait en son particulier, et lui promettait d'être sa femme lorsqu'on aurait empêché le retour du comte ; la troisième fois, ils lui parurent complotant d'un bon accord et songeant aux moyens de se débarrasser de lui.

Quand un éléphant est en furie, c'est assez de lui montrer des brebis pour qu'il s'adoucisse. Golo, qui craignait que la colère de Sifroy ne fût pas assez grande, tâcha, en éloignant l'image de Geneviève et son souvenir même, de lui ôter toute occasion de pitié et de faiblesse, et il réussit : le comte maudit son innocente épouse. Alors Golo lui dit qu'il était à craindre qu'en voulant punir son crime d'une façon trop éclatante, il n'en rendît l'horreur trop publique, et il le pria de lui remettre, à lui Golo, son fidèle intendant, le soin de sa vengeance, tandis qu'il se rendrait en sa maison à petites journées.

XIX

Geneviève est condamnée à mourir.

Golo, de retour au château, eut la sottise de révéler tout ce mystère à la nourrice. Il avait eu le soin de lui défendre d'en parler ; mais la providence de Dieu ne voulut pas permettre que cette femme fût plus discrète que les autres femmes, qui n'ont de silence que pour ce qu'elles ignorent. A peine eut-elle appris les détails des manœuvres de Golo, qu'elle en fit part à sa fille. Celle-ci, qui n'était pas dépourvue de louables qualités, avait pitié des misères de Geneviève ; elle pleurait lorsqu'elle se trouvait près d'elle. Un jour la comtesse lui demanda pourquoi elle était si triste.

« Ah ! madame, répondit la pauvre fille, je suis triste à cause de votre malheur ! Golo a reçu l'ordre de monseigneur de vous faire mourir.

— Eh bien, ma fille, dit la comtesse, il faut

nous en réjouir; c'est une faveur que la mort, et je l'ai demandée à Dieu depuis bien longtemps. La seule chose qui m'inquiète, c'est le sort de mon enfant.

— Madame, il doit mourir avec vous. »

A ces mots, Geneviève resta comme frappée de la foudre; puis elle poussa un cri : « Ah! mon Dieu, dit-elle, souffrirez-vous que cette petite créature, qui n'a pas encore péché, soit frappée ainsi, et lui ferez-vous un crime du malheur de sa mère? »

En disant cela, elle baignait de larmes les joues de Bénoni. Lorsqu'elle se fut un peu remise, elle parla ainsi à la pauvre fille : « Ma mie, je ne sais si je te dois supplier de rendre un dernier service à la plus misérable de toutes les femmes. Tu peux m'obliger, cependant, et avec peu de peine et sans courir grand risque; tout ce que je te demande, c'est que tu m'apportes de l'encre et du papier; tu en trouveras dans le cabinet qui est près de ma chambre : tiens, voici ma clef, prends-y tout ce que tu désireras de mes joyaux. »

La fille ne manqua pas de faire ce dont elle avait été priée. Elle apporta le papier et l'encre : Geneviève écrivit un billet, que sa fidèle servante alla glisser dans le cabinet de la comtesse.

XX

Geneviève est conduite dans les bois.

Le lendemain, aussitôt que parut l'aurore, Golo fit venir auprès de lui les deux serviteurs qu'il croyait les plus dévoués à sa personne, et il leur commanda de conduire la mère et l'enfant dans un bois qui était à une demi-lieue du château, de les tuer en ce lieu écarté, puis de jeter leurs corps à la rivière. Les deux serviteurs, sur cet ordre, allèrent dans la prison, dépouillèrent Geneviève de ses habits, la vêtirent de vieux haillons et la conduisirent vers le lieu de son supplice.

Les deux innocentes victimes étant arrivées là où elles devaient mourir, l'un des ministres de cette barbare exécution levait déjà le bras en l'air et agitait le coutelas qui allait trancher la tête de Bénoni, lorsque la mère demanda à être frappée d'abord, afin de n'avoir point à mourir deux fois.

La vertu innocente et affligée, lorsqu'elle est parée des grâces du corps, a bien du pouvoir sur le cœur des hommes. Ceux que Golo avait choisis pour ôter la vie à la comtesse furent précisément ceux qui la lui conservèrent. Ses dernières paroles changèrent tellement leur courage en compassion, que l'un dit à l'autre : « Camarade, pourquoi tremperions-nous nos mains dans un si beau sang que celui de notre maîtresse ? Laissons vivre celle à qui nous n'avons rien vu faire de digne d'une si

cruelle mort ; sa modestie et sa douceur sont des preuves infaillibles de son innocence. Peut-être un jour viendra-t-il qui mettra sa vertu en évidence et améliorera notre sort. »

Cela étant ainsi résolu, nos deux serviteurs commandèrent à la comtesse de s'enfoncer si avant dans la forêt que Sifroy ne pût jamais en avoir de nouvelles. Il était facile de se cacher dans un bois qui semblait n'avoir été fait que pour être la retraite des bêtes fauves. Son étendue effrayait ceux qui avaient à le traverser; son obscurité était la demeure du silence; on n'y entendait que le cri des hiboux et d'autres voix lamentables.

Allez hardiment, allez, Geneviève, dans ce lieu plein d'horreur, et remerciez Dieu qui autrefois vous apprivoisa au silence, à l'obscurité et à la solitude.

Quand les serviteurs furent arrivés à la maison, l'intendant crut qu'ils avaient exécuté son commandement, et il en ressentit une fort grande joie. Aussitôt il en donna avis au palatin, en la maison duquel il faisait le maître. Sifroy étant arrivé, on ne parla que de chasse, de récréations et de passe-temps, afin d'éloigner toutes les pensées qui pouvaient rappeler la mémoire de Geneviève.

XXI

Geneviève dans la forêt avec Bénoni.

Laissons le comte chercher des consolations dans l'oubli, et allons vers Geneviève, dans le bois où nous l'avons laissée. Aussitôt que les serviteurs l'eurent abandonnée, ses premiers pas la conduisirent sur le bord de la rivière[1] qui passait près du château. Ce fut là qu'elle prit la bague que Sifroy lui avait mise au doigt avant son départ, et qu'elle la jeta dans le courant des flots, disant qu'elle ne voulait plus voir cette marque d'une union qui lui avait causé tant de malheurs.

Deux jours s'écoulèrent dans ces extrémités, sans que rien vînt consoler sa douleur. Le jour ne semblait luire que pour lui montrer l'horreur du lieu où elle était; la nuit remplissait son esprit de sombres et noires pensées et ses yeux de ténèbres. Le soin de Bénoni augmentait de beaucoup ses craintes, et elle était bien triste de voir qu'il avait déjà couché deux nuits au pied d'un chêne, sans autre lit que l'herbe, sans autre abri qu'un peu de ramée.

Celui qui se rappellera que Geneviève était une princesse élevée parmi les délices d'une cour n'aura point de peine à s'imaginer ses ennuis. N'était-ce pas un spectacle bien digne de compassion, que de voir la femme d'un puissant palatin dans le manque même des choses dont les plus malheureux des malheureux ne sont pas privés? que de voir son palais changé en une horrible solitude? sa chambre

---

1. La légende veut sans doute parler ici de la Moselle.

en un taillis plein d'épines, ses courtisans en bêtes farouches, sa musique en hurlements de loups, ses viandes délicates en racines amères, son repos en perpétuelles inquiétudes, sa joie en larmes perpétuelles? Qui eût pu entendre, sans en avoir le cœur brisé, toutes les plaintes qu'elle confiait aux échos de ce bois? on eût dit que les arbres gémissaient avec elle, que les vents grondaient en courroux, et que tous les oiseaux avaient oublié leurs doux ramages pour pleurer son infortune.

Si les maux de cette pauvre princesse touchaient très-sensiblement son cœur, on ne saurait dire quels affreux tourments lui causaient ceux de son fils, surtout lorsque sa langue vint à se délier dans les premières plaintes de la douleur, et que ce petit innocent commença à sentir qu'il était malheureux. Geneviève le serrait quelquefois contre son sein pour réchauffer ses petits membres glacés; et puis, lorsqu'elle sentait que Bénoni se remuait, la pitié pressait si fort son cœur qu'elle en tirait mille sanglots, et que de ses yeux coulaient des larmes infinies. « Ah! mon cher enfant, disait-elle, ah! mon pauvre fils, mon ami, que tu commences de bonne heure à être misérable! »

A voir l'enfant, on eût dit qu'il avait l'âge de la raison; car, à ces tristes paroles, il poussait un cri si perçant que le cœur de Geneviève en demeurait sensiblement blessé.

XXII

Sifroy découvre la lettre que Geneviève lui avait écrite
en quittant la tour.

Les années se passent. Pendant que Geneviève pleure et depuis vingt-quatre longs mois se désespère dans sa retraite, sortons un peu de ce bois et entrons pour quelque temps dans le château de son mari. Nous y voyons qu'il n'y a pas une servante qui ne soit contente, pas un laquais qui ne soit à son aise, pas un chien qui n'ait du pain plus que sa suffisance. Golo ajoutait tout ce qu'il pouvait d'artifices aux remèdes fournis par le temps lui-même pour guérir l'esprit de son maître. Il ne put néanmoins en faire disparaître tout à fait l'image des vertus de Geneviève. Sa modestie, son honnêteté, sa piété et sa constance, sa tendresse et son amour d'autrefois étaient autant d'agréables fantômes qui lui reprochaient sa dureté. Ce pauvre homme voyait incessamment l'ombre de Geneviève à ses côtés; et, bien que son intendant sût éloigner adroitement ces pensées pleines d'inquiétude, néanmoins elles faisaient toujours quelque impression sur son esprit.

Trois ans après le retour du comte (trois siècles de misères pour sa femme désolée), Sifroy entra dans le cabinet d'où la servante de Geneviève avait tiré le papier et l'encre ; il se mit à parcourir les papiers qui s'y trouvaient, et tout à coup découvrit le billet que sa femme y avait fait glisser. Qui oserait décrire les regrets et les tristesses qui se répandirent dans son âme à la vue de cet écrit? Sa bouche proféraient mille malédictions contre Golo ; ses larmes coulaient en abondance ; il se frappait la poitrine, il s'arrachait les cheveux et la barbe ; il faisait enfin tout ce qu'inspire la plus vive douleur. Et certes il eût fallu avoir une âme de tigre pour lire cette lettre sans regret : l'innocence l'avait conçue et la tristesse l'avait dictée. Voici ce qu'elle portait :

XXIII

Lettre de Geneviève.

« Adieu, Sifroy, je m'en vais mourir, puisque telle est votre volonté ; je n'ai jamais rien trouvé d'impossible dans mon obéissance, quoique je trouve quelque injustice dans votre commandement. Je veux croire néanmoins que vous ne contribuez à ma ruine que par le consentement qu'on vous amène à donner à des projets que d'autres ont imaginés. Aussi puis-je vous affirmer que tous les motifs qui les déterminent, c'est la résistance que j'ai faite à des propositions criminelles, et mes efforts pour me conserver pure de toute tache. Tout le regret que j'emporte avec moi, c'est d'avoir eu un fils qui devient la victime de la cruauté de mes persécuteurs. Toutefois je ne veux pas que ce ressentiment m'empêche de vous souhaiter une heureuse et parfaite félicité.

« Je pardonne à l'homme qui m'a perdue.

« Adieu, Sifroy; adieu, n'oubliez pas tout à fait votre infortunée, mais innocente

« GENEVIÈVE. »

XXIV

Habileté du traître Golo.

Golo, qui était aux écoutes, jugea qu'il fallait laisser passer cet orage et que la prudence devait l'éloigner pour quelque temps de Sifroy. Lorsqu'il crut le temps venu de reparaître, il se présenta et subit de la part de son maître une longue suite de reproches; mais, comme il ne manquait pas d'habileté, il répondit :

« Quoi, monseigneur, vous vous repentez d'avoir ôté la vie à celle qui vous a ôté l'honneur! Tous vos domestiques savent bien que votre action a été juste, et ils ne l'ont pas trouvée mauvaise. Toute la politique humaine ne vous peut blâmer de ce que vous avez fait. Voulez-vous être plus sage que les lois et condamner ce que la raison approuve? »

Ce discours était accompagné de feints témoignages d'affection ; il se glissa doucement dans l'esprit du palatin, en sorte que ses remords ne furent que comme des oiseaux de passage qui donnent chacun un coup de bec à la dérobée et se retirent, chassés qu'ils étaient par les raisonnements de Golo ou par ses artifices.

Puisque Golo trouve moyen de se tirer d'un pas si difficile, plaignons la pauvre Geneviève, dont la misère va sans doute durer toujours.

XXV

Enfance de Bénoni.

Cependant le désert où elle vit avec son fils n'est plus un affreux repaire de bêtes fauves : c'est une école de vertus, un asile de pénitence, un temple de sainteté.

Après qu'elle y eut souffert trois années d'hiver (le soleil n'y paraissait pas à cause de l'épaisseur du feuillage), l'habitude lui rendit ses maux si familiers qu'elle n'en avait plus d'horreur, et sa patience la perfectionna jusqu'à ce point qu'elle regardait ses maux et ses souffrances comme des délices. L'habitude rend toute chose facile; ce qui semble au commencement plein d'effroi devient moins rude à la fin. Le poison tue, et néanmoins on a vu un grand roi [1] qui s'en nourrissait. Ne vous semble-t-il pas que Geneviève devait mourir au milieu de ces regrets et se noyer dans les larmes? et voilà que tous les jours, les recueillant de ses mains, elle les offre à Dieu en sacrifice; offrandes si agréables à sa bonté qu'il la veut récompenser autant de ces soupirs que si elle brûlait en son honneur tout l'encens de l'Arabie.

La première faveur qu'elle reçut du ciel, après ses trois ans de solitude, ce fut celle-ci. Un jour qu'elle était à genoux au milieu d'une cabane d'herbes sèches qu'elle s'était construite, les yeux fixés vers le ciel dont l'admiration servait ordinairement de nourriture à ses pensées, elle aperçut une figure étrange. Son esprit avait trop de lumière pour ne pas reconnaître que ce devait être quelqu'une des intelligences du ciel, en quoi certes elle ne se trompait pas; car c'était son ange gardien qui venait la visiter de la part de Dieu.

Il avait un visage où la beauté et la modestie demeuraient mêlées avec une majesté divine; il tenait en sa main droite une précieuse croix sur laquelle

---

1. Mithridate, qui prenait certains poisons par petites doses, puis par doses plus considérables, pour n'en avoir pas à craindre les effets. Roi du royaume du Pont en Asie Mineure, il fut l'un des plus terribles ennemis de Rome et celui à qui elle fit la guerre la plus opiniâtre. Il vivait dans le premier siècle avant l'ère chrétienne.

était représenté Jésus-Christ, le Sauveur du monde, et d'un ivoire si luisant qu'il était facile de voir que ce n'était pas l'ouvrage des hommes.

Lorsque Geneviève fut revenue de l'admiration de tant de merveilles, l'ange lui présenta la croix et lui dit : « Geneviève, je suis venu de la part de Dieu vous apporter cette croix qui doit désormais être l'objet de toutes vos pensées et le remède souverain à tous vos maux. C'est le bouclier qui fera tomber tous les coups de l'adversité à vos pieds; c'est la clef qui ouvrira le ciel à votre patience. »

Geneviève s'étant inclinée reçut cette croix pour y graver toutes ses victoires. Mais voici le prodige : ce crucifix, de lui-même, suivait notre pénitente partout. Si quelque nécessité l'appelait dehors, il sortait de la cabane avec elle; si elle cherchait des racines, c'était en sa compagnie. Dans sa pauvre retraite, jamais il ne s'écartait de ses côtés. Ce miracle dura quelques mois, jusqu'au moment où il s'arrêta dans un coin de la grotte où se trouvait un petit autel que la nature avait formé dans le rocher. Aussitôt que quelque déplaisir attaquait son pauvre cœur, elle s'adressait à celui qui ne pouvait l'ignorer.

Un jour que le souvenir de ses malheurs se présenta à son esprit avec une force extraordinaire, elle se jeta au pied de la croix et dit :

« Jusques à quand, mon Dieu, jusques à quand

souffrirez-vous que la vertu soit si cruellement traitée? N'est-ce pas assez de cinq ans de misère pour être content de ma patience? Quand j'aurais renversé tous vos autels et brûlé vos temples, mes larmes devraient avoir éteint votre colère. Je croyais que mes malheurs vous donneraient lieu de faire paraître que vous êtes le protecteur de l'innocence aussi bien que le vengeur des crimes. Il y a cinq ans que j'endure un terrible martyre. On dirait que ma misère est contagieuse; personne ne m'approche. La faim, la soif, le froid et la nudité sont la moindre partie de mes maux. Ah! Seigneur, si vous voulez affliger la mère, que ne prenez-vous en main la protection de son enfant, puisque vous savez qu'il a été incapable de pécher? Pardonnez-moi, mon Dieu, si la douleur m'arrache ces plaintes; mais j'ai cru que, puisque j'ignorais la cause de tant de maux, je pouvais en chercher le soulagement dans le sein de votre miséricorde. »

Le petit Bénoni mêlant ses larmes à celles de sa mère, ils éclataient en gémissements si pitoyables que les rochers en semblaient touchés.

Enfin la pauvre Geneviève, continuant ses regrets et embrassant amoureusement la croix, disait : « Mon Dieu, que vous ai-je donc fait pour que vous me traitiez avec tant de rigueur? » Pendant que Geneviève parlait, elle entendit une voix, celle du crucifix, qui disait : « Eh! quoi! ma fille, quel sujet as-tu de te plaindre? Tu demandes quel crime t'a mise ici? hé! dis-moi quel crime m'a cloué sur la croix. Es-tu plus innocente que moi, ou tes maux sont-ils plus grands que les miens? tu es sans crime; j'étais sans crime. Tu n'as pas commis l'infamie dont on a voulu ternir ta réputation : peut-être que je suis un séducteur et un magicien, ainsi qu'on me l'a reproché? Tu ne trouves aucune consolation dans les créatures : n'est-ce pas assez de celle qui te vient du Créateur? Personne n'a eu compassion de tes maux : qui a eu pitié des miens? Les êtres inanimés ont eux-mêmes horreur de ton affliction; et le soleil n'a-t-il pas refusé de regarder la mienne? La misère de ton fils augmente tes regrets! crois-tu que la douleur de ma mère ait amoindri mes tourments? Console-toi, ma fille, et laisse-moi le soin de tes affaires. Pense quelquefois que celui qui a fait tous les biens du monde en a souffert tous les maux. Si tu compares ton calice avec le mien, tu le boiras avec plaisir et tu me remercieras de la faveur que je te fais de vivre dans les douleurs pour mourir dans les joies. »

Ce serait une chose superflue que de vous dire la confusion que ce petit reproche mit dans l'esprit de notre sainte; mais s'il la fit rougir, il lui donna tant de courage et de résolution que toutes les épines ne lui semblaient que des roses : aussi était-ce le dessein de Dieu de l'animer à la patience.

Pour témoigner que sa vertu ne lui était pas inconnue et que son innocence était bien proche de celle que le premier homme possédait dans le paradis, Dieu lui soumit entièrement les bêtes féroces et les oiseaux, qui lui obéirent avec joie.

XXVI

Les bêtes fauves sont soumises à Geneviève.

C'était une chose ordinaire, dès son entrée dans la forêt, qu'une biche vînt allaiter l'enfant et se coucher toutes les nuits dans la caverne avec la mère et le fils, afin de réchauffer leurs membres glacés ; mais, depuis cette dernière faveur, les renards, les lièvres, les louveteaux venaient jouer avec le petit Bénoni ; la caverne de Geneviève était un lieu où les sangliers n'avaient pas de méchanceté et où les cerfs n'avaient pas de crainte : au contraire, on eût dit que notre sainte comtesse avait changé leur nature par la compassion qu'elle inspirait et qu'elle avait donné quelque sentiment de raison aux bêtes pour comprendre ses malheurs.

Un jour qu'elle habillait son fils d'un vieux haillon fait de feuillage, un loup l'aperçut : il partit aussitôt et alla égorger une brebis dont il apporta la peau à Geneviève, comme s'il eût eu assez de jugement pour voir qu'il fallait un vêtement chaud à Bénoni.

XXVII

Geneviève se voit dans une fontaine.

Voici un autre trait qu'on ne saurait passer sous silence. Il y avait auprès de cette retraite une fort belle fontaine qui fournissait de l'eau à Geneviève et à son fils. Je ne sais si la comtesse s'était jamais regardée dans le cristal de cette fontaine ; mais quand elle y eut une fois fixé les yeux, soit à dessein, soit par hasard, et qu'elle eut aperçu les rides de son front, elle eut de la peine à se reconnaître, le souvenir de ce qu'elle avait été lui ôtant la croyance d'être ce qu'elle était.

« Est-ce là Geneviève ! disait-elle. Non, sans doute : c'est quelque autre que moi. Comment se pourrait-il que ces yeux abattus et languissants eussent été pleins de flammes ? Ce front coupé de mille rides me dit que ce n'est pas lui qui faisait honte à l'ivoire ; ces joues flétries n'ont rien de pareil à celles qui étaient faites de roses et de lis.

« O cruelles douleurs ! ô misères de ma vie ! quelle étrange métamorphose vous avez faite ! Répondez-moi, impitoyables maux : où avez-vous mis la neige de mon teint ? Geneviève, Geneviève, pauvre Geneviève, tu n'es plus que la vaine ombre de toi-même ! »

Tandis que la comtesse se plaignait ainsi et qu'elle tâchait de se reconnaître dans le miroir de la fontaine, elle y vit une divinité toute semblable à ces nymphes qui, selon les discours des poëtes, habitent sous les eaux. Son esprit fut ravi d'admiration pour tant de majesté. Flottant entre la crainte et la confiance, elle entendit une voix et se retourna : elle vit alors la reine des anges, Marie, sa bonne avocate, qui lui dit :

« Vraiment, ma fille, tu as bonne grâce à te plaindre de la perte d'un bien qui est extrêmement désirable, n'est-ce pas, à cause des avantages qu'il procure? Tu n'es plus belle. Ah! Geneviève, si tu ne l'avais jamais été, tu serais encore heureuse : c'est ta seule beauté qui a été ton crime. Et quand même elle ne t'eût pas coûté de larmes, devrais-tu te plaindre de sa perte, lorsqu'il n'est pas bien de la désirer? Si tu savais combien la noirceur de ton teint te rend agréable à mon fils, tu aurais honte d'avoir été autrefois d'une couleur différente. Reviens donc à toi, ma fille; ne te plains plus de tes misères, puisque c'est de ces épines que tu peux composer ta couronne de gloire. »

A peine la reine du ciel eut-elle achevé sa remontrance, qu'une nuée plus belle et plus luisante que l'argent la déroba aux yeux de la sainte qui demeura pleine de confusion et de joie : de joie, pour avoir vu celle qui sera une partie de la béatitude des élus dans le paradis ; de confusion, pour avoir donné des regrets à sa beauté passée.

Elle murmura ces paroles :

« Mon aimable époux, vous voulez que Geneviève souffre jusqu'à la fin. Eh bien ! j'en suis contente : je prétends demeurer aussi fidèle à vos divines volontés dans les plus fortes angoisses de ma douleur que dans les prospérités de ma fortune. Hélas ! où serais-tu, mon pauvre cœur, si Dieu t'eût abandonné à tes propres inclinations ? Sans doute la vanité te posséderait maintenant. Oh ! que j'ai un juste sujet de vous remercier de m'avoir fait tant de grâces ! Que pouvais-je espérer dans la maison de mon mari, sinon un esclavage volontaire, une honnête servitude ? Ah ! mon Dieu, je connais bien maintenant la douceur de votre providence. Que votre saint nom soit béni d'avoir sauvé cette pauvre créature qui n'eût jamais suivi vos attraits s'ils n'eussent été charmants, vos mouvements s'ils n'eussent été pleins de séduction. Je vous suis infiniment redevable de m'avoir fait cette faveur : toutefois, mon obligation me paraît encore plus grande si je considère que vous m'avez contrainte d'être si heureuse contre ma volonté, me faisant dans la solitude une image du ciel. »

XXVIII

Inquiétudes et douleurs de Sifroy.

Pendant que Geneviève s'abandonnait à ces pieuses et innocentes joies, Sifroy n'avait ni contentement ni repos. La nuit ne lui présentait que de tristes fantômes ; le jour ne l'éclairait que pour lui faire remarquer l'absence de Geneviève. Son esprit avait sans cesse des pensées mélancoliques, et son unique plaisir était dans la plus austère solitude.

Souvent on le voyait rêver en silence sur le bord des eaux, remarquant dans leur inconstance une image de l'agitation de son esprit. Et puis, comme si son humeur l'eût rendu sauvage, il se dérobait à ses serviteurs pour donner plus de liberté à ses soupirs dans l'horreur d'un bois. Sa conscience lui disait : « Tu as fait tuer ta pauvre Geneviève ; tu as fait massacrer ton fils et ôter la vie à ton serviteur. » Et il s'écriait : « Geneviève, où es-tu ? »

Cependant Golo fuyait la colère du comte ; dès qu'il s'aperçut des vapeurs sombres qui chargeaient l'esprit de Sifroy, il partit pour un long voyage.

XXIX

Vision.

Un soir que le palatin était couché, il entendit quelqu'un qui marchait à grands pas dans sa chambre. Aussitôt il tira les rideaux de son lit, et, n'ayant rien aperçu à la lueur d'un peu de lumière qui restait dans la chambre, il tâcha de s'endormir; mais, un quart d'heure après, le même bruit recommença; si bien qu'il vit au milieu de la chambre un grand homme, pâle et défait, qui traînait un gros fardeau de chaînes avec lesquelles il paraissait lié. Cette terrible apparition était capable de faire peur à un homme moins hardi que Sifroy; mais le comte, inaccessible à la crainte, demanda au fantôme ce qu'il voulait. L'esprit lui fit signe de venir à lui. Sifroy se sentit aussitôt mouiller d'une sueur froide. Il se leva néanmoins et suivit l'esprit jusqu'en un petit jardin où le fantôme disparut tout à coup, et le laissa seul. La lune se cacha et il se trouva dans les ténèbres. Ne sachant ce que cela voulait dire, il regagna son lit à tâtons. A peine couché, il s'imagina qu'il avait ce grand homme, tout de glace, étendu à côté de lui. Puis le spectre le serra entre ses bras. Sifroy, épouvanté, appela ses serviteurs. On accourut, mais on n'aperçut rien.

Mais, dès le point du jour, Sifroy se leva et retourna dans le jardin ; il fit creuser le sol. Au lieu où avait disparu le fantôme, on trouva les os d'un homme chargé de fers. Quelqu'un des domestiques dit que c'étaient là les restes de Raymond le pourvoyeur. Sifroy ordonna qu'on le fît enterrer et qu'on dît des messes pour son repos. Depuis ce temps-là on n'entendit plus de bruit, la nuit, dans le château ; mais Sifroy n'en eut pas l'esprit plus tranquille.

Il reconnut enfin que ces frayeurs étaient l'effet de quelque crime approuvé par lui. On entendit ces mots sortir de sa bouche : « Ah ! Geneviève, que de tourments tu me causes ! »

XXX

Geneviève et Bénoni dans les bois.

Cependant Bénoni arrivait à sa septième année. Sa mère n'oubliait rien de ce qui pouvait servir à son instruction. Le matin et le soir elle le faisait mettre à genoux devant la croix, et jamais ne lui permettait de teter sa biche qu'après avoir prié Dieu à genoux. Une fois il lui dit : « Ma mère, vous me commandez souvent de dire : *Notre père qui êtes aux cieux*. Qui donc est mon père ?

— Ah ! mon cher fils, cette demande est capable de faire mourir votre pauvre mère. »

Elle se pâma en effet ; puis se relevant, elle l'embrassa et dit : « Mon enfant, votre père, c'est Dieu : le ciel est le lieu où il demeure.

— Me connaît-il bien ? reprit l'enfant.

— Mon fils, n'en doutez pas ; il vous connaît et vous aime.

— D'où vient donc qu'il permet toutes les misères dont vous vous plaignez ?

— Ces misères-là sont le plus grand signe de sa faveur. Les richesses ne sont que des moyens de se perdre, et qui souffre ici-bas est récompensé là-haut. Dieu est un grand et riche père de famille dont nous sommes tous les enfants. Il a des trésors infinis à donner à ceux qui restent purs de tout crime dans la vie qu'il leur donne à remplir. Ceux qui l'offensent, il les fait châtier dans l'enfer, qui est un lieu plein de fournaises et de tourments. Le lieu où sont récompensés ceux qui ont souffert, c'est le paradis.

— Et quand irons-nous, ma mère ? Je voudrais y être déjà.

— Cher enfant, nous irons après notre mort. »

XXXI

Geneviève en danger de mort.

L'innocent Bénoni était bien éloigné de comprendre tout ce que sa mère lui avait dit, si la bonté de Dieu ne lui eût servi de maître. L'expérience ne lui avait jamais appris ce que c'était que la mort ; mais peu s'en fallut qu'il n'en eût un triste et funeste exemple en la personne de sa mère, quelques jours après.

Enfin, Geneviève étant revenue d'une longue pâmoison, elle arrêta quelque temps ses yeux sur l'aimable sujet de ses douleurs, et, après lui avoir appris qu'il était le fils d'un grand seigneur, elle lui dit en pleurant :

« Je quitte le monde sans regret, ainsi que j'y ai demeuré sans désir. Si j'étais capable de quelque déplaisir, ce serait de te laisser sans ressource et sans appui, souffrant des peines et des misères que tu n'as pas méritées.

« A ne point mentir, cette considération me toucherait sensiblement le cœur, si je n'en avais une plus haute qui me contraint de mettre tes intérêts entre les mains de celui qui est le père des orphelins et le soutien des innocents. Je ne veux pas que tu aies souvenance d'une mère qui ne t'a mis au monde que pour que tu en souffres les maux et les douleurs.

« Je te conjure néanmoins, mon cher Bénoni, d'ensevelir avec mon corps les ressentiments de mes malheurs. J'espère que la miséricorde de Dieu nous fera justice et qu'elle donnera à connaître à tout le monde que tu es le fils d'une femme sans reproche.

« Au reste, mon cher fils, après avoir mis ce corps en terre, fais ce que Dieu t'inspirera. S'il veut que tu retournes vers ton père, obéis-lui. Tu as des qualités qui te feront reconnaître. Tu es son image ; en te voyant, il saura que tu es son fils. »

En disant ces mots, Geneviève fit mettre son Bénoni à genoux et mouilla son petit visage du reste de ses larmes. Représentez-vous la pitié que donnait ce spectacle : Geneviève, malade, mourante, attend la fin de ses misères, et elle est épouvantée de l'abandon où va être son fils.

La mort allait lui donner le dernier coup, mais Dieu l'arrête ; il veut que la justice commence pour elle.

Deux anges, brillants comme le soleil, entrent dans sa retraite et la remplissent de rayons et de parfums. « Vivez, Geneviève ! lui disent-ils, vivez, Dieu le veut. » Et ils disparaissent. Geneviève se relève guérie, heureuse, transfigurée.

XXXII

Sifroy va à la chasse dans la forêt.

En ce moment, par un arrêt de Dieu, la mauvaise sorcière qui avait trompé Sifroy fut mise dans les mains de la justice. Condamnée à être brûlée et attachée au poteau infâme, elle demanda à faire des aveux; on la détacha un instant; alors elle confessa le plus grand de ses crimes, et déclara que rien n'était vrai dans ce que les charmes de sa magie avaient fait voir au comte.

Sifroy, instruit en diligence de cette confession, sentit son cœur traversé par les aiguillons ardents du remords.

Il y avait déjà deux ans que Golo, craignant un châtiment, avait quitté son service et qu'il vivait chez lui. Sifroy le fit prier d'être d'une grande chasse. Golo arrive sans défiance; on le saisit, on l'enchaîne, on le jette dans la tour.

C'était le temps de la fête des rois. Sifroy voulut réunir toute sa famille à un grand banquet, et pour qu'il y eût bonne et belle venaison sur la table, il résolut d'aller à la chasse dans le bois.

Le jour qu'il avait choisi pour cette chasse étant arrivé, Dieu prépara les choses d'une façon pleine de douceur. Et voici comment Sifroy reconnut Geneviève.

XXXIII

Sifroy reconnaît Geneviève.

Le palatin entre dans la forêt; bientôt il aperçoit la biche qui était la nourrice de Bénoni; effrayée par le cheval de Sifroy, la biche disparaît dans les fourrés. Sifroy, voyant un si beau gibier, s'élança sur ses traces, et la rejoignit au moment où elle se retirait dans la caverne de Geneviève. Sifroy allait lancer son javelot ; il aperçoit un fantôme de femme nue ; il s'arrête.

Geneviève, interdite et défaillante, se jette à genoux et rassasie ses yeux du plaisir de voir son mari, qui ne la reconnaît pas. Toutefois, Sifroy, étonné de cette rencontre, la prie de s'approcher, et, sur sa demande, lui jette son manteau. Elle couvre sa nudité et s'approche.

« Qui êtes-vous ? lui dit le comte.

— Qui je suis ! une pauvre femme du Brabant que la nécessité a contrainte à se retirer dans ce désert. Je n'ai aucun autre asile. Il est vrai que j'étais mariée à un grand seigneur ; mais un soupçon qu'il eut trop légèrement le fit consentir à ma ruine et à celle d'un enfant qui n'avait pas reçu le jour dans le péché. Si les serviteurs qui avaient l'ordre de nous faire mourir avaient mis à exécuter cette sentence la précipitation qu'il avait mise à me condamner, je n'aurais pas, depuis sept longues années, vécu en cette solitude avec mon fils, sans autre nourriture que de l'eau et des racines. Je serais morte ; aussi bien nous allons mourir prochainement, mon fils et moi.

— Mais, mon amie, fit le comte, dites-moi votre nom.

— Geneviève.

— Geneviève ! »

À ces mots le comte se laissa tomber de cheval et courut l'embrasser. « C'est donc toi, c'est toi, ma chère Geneviève ! toi que je pleure depuis si longtemps ! Ah ! d'où me vient ce bonheur d'embrasser celle que je ne mérite pas de voir ? Et comment puis-je demeurer en présence de celle que j'ai tuée dans mon aveuglement ? Chère épouse, Geneviève, ma douce amie, pardonne à un criminel qui confesse son crime et connaît ton innocence. »

Aussitôt que l'extase et le ravissement lui donnèrent la liberté de continuer, il reprit : « Où est mon fils, où est ce misérable enfant d'un père qui a été moins méchant que malheureux ? »

La comtesse, émue de ces regrets, voulut rendre le calme à l'esprit de Sifroy, et elle usa des mignardises dont elle avait autrefois coutume de le flatter. « Mon cher époux, dit-elle, effacez de votre esprit le souvenir de mes maux, puisque nous n'avons de pouvoir sur le passé que par l'oubli. N'ajoutons pas à nos misères par des paroles impuissantes à les guérir. Vivez satisfait, puisque Geneviève vit, et votre fils également. »

XXXIV

Bénoni dans les bras de Sifroy.

Certes, Sifroy eut besoin d'une grande force pour modérer sa joie, lorsqu'il vit Bénoni qui apportait des racines à sa mère. Combien de douces et amoureuses larmes ne répandit-il pas? combien de caresses et de baisers les suivirent!

Puis, soufflant dans sa trompe, il appelle les chasseurs. Toute la forêt retentit de sa voix. Enfin la chasse arrive jusqu'à lui. On s'arrête devant cette femme, devant cet enfant qui est suspendu au cou du palatin, et devant cette biche qui joue avec les chiens de la meute. Quelle admiration lorsqu'ils reconnurent Geneviève!

Tous les parents et amis du palatin ne manquèrent pas de se rendre au festin de la fête des Rois, et ils se réjouirent en revoyant la belle et bonne comtesse qui présidait à ce repas et qui était plus belle encore qu'autrefois. La fête dura une semaine entière. Ce qui étonna tout le monde c'est que Geneviève ne pouvait plus goûter ni chair ni poisson.

XXXV

Geneviève, rétablie dans ses honneurs, pardonne au traître Golo.

Quelques jours s'étant ainsi écoulés dans les plaisirs et les délices, le palatin commanda que l'on tirât Golo de prison. On l'amena dans la chambre où se trouvait la comtesse avec toute sa cour, qui était venue féliciter Sifroy. Là, ce traître fut saisi de toutes les frayeurs d'une mauvaise conscience. Les artifices ne lui servent plus de rien; il ne peut nier un crime qui a les hommes, les animaux et les poissons pour témoins. Sans oser même arrêter la vue sur celle qu'il avait autrefois si indignement trahie, il tomba de peur et de faiblesse. Geneviève, ne pouvant sans pitié voir un misérable, tâche de faire révoquer la sentence de mort et dit à Sifroy :

« Mon seigneur, permettez-moi, je vous prie, de vous demander la vie de Golo. En un mot, mon cher Sifroy, je veux qu'il vive et qu'il doive à ses larmes le salut qu'il a refusé aux miennes. »

XXXVI

Punition de Golo, qui est mis à mort.

Golo, voyant que Geneviève, au lieu de le condamner, intercédait pour lui, en fut tellement touché qu'il s'écria :

« Madame, c'est maintenant que je vois mieux que jamais la bonté de votre cœur et la malice du mien. Hélas ! qui eût osé l'espérer? celle que tant de justes raisons devraient animer à ma perte désire mon salut! Misérable Golo, c'est à cette heure que tu es indigne de la vie, puisque tu as voulu ravir celle de cette sainte princesse. Non, ma chère maîtresse, laissez-moi mourir; il faut que la rigueur d'une honteuse mort venge la cruauté de mon crime. »

Golo prenait Geneviève par le côté le plus sensible; mais, si elle avait beaucoup de pitié, Sifroy n'avait pas moins de colère : car Dieu, voulant faire pour ce coup un exemple aux hommes, roidit si fort l'esprit du comte qu'il n'y eut aucun pardon pour le malheureux Golo.

Sa condamnation confirmée, on le ramena en prison pour attendre l'exécution de sa sentence. Il y avait dans le troupeau du palatin quatre effroyables bœufs sauvages que la forêt Noire[1] nourrissait; on les amena par son commandement, on les accoupla queue à queue, et le misérable y fut attaché par les bras et par les jambes, qui furent

1. La forêt Noire, dans le Wurtemberg, a plus de vingt lieues de long. Elle est célèbre dans les légendes de l'Allemagne. On y voit des sites d'une sévérité magnifique.

bientôt séparés de son corps et exposés à la voracité des corbeaux.

Ceux qui furent trouvés complices de Golo subirent des châtiments proportionnés à leur faute, et ceux qui s'étaient montrés favorables à l'affliction de Geneviève ne rencontrèrent pas moins de gratitude en elle que les autres de sévérité dans le palatin.

Non, jamais la douce innocence,
Si par hasard elle est victime d'une erreur,
Ne doit perdre la confiance
Que Dieu comme un parfum a versée en son cœur.
Les méchants sont punis, en ce monde ou dans l'autre.
Et les bons sont récompensés.
S'il vous faut un modèle, enfants qui grandissez,
Que Geneviève soit le vôtre.

ROBERT LE DIABLE

NOTICE.

Ce n'est pas non plus une histoire inventée à plaisir et imaginée par passe-temps que celle du terrible Robert le Diable, qui, après avoir fait tant de mal, fit pénitence et fut homme de bien.

Guillaume le Conquérant, celui-là même qui, étant duc de Normandie, conquit l'Angleterre et s'y établit avec ses barons, avait un fils nommé Robert Courte-Heuse qui fut un bien mauvais sujet, fit mille tours méchants et finit par rester vingt-sept ans dans les prisons de l'Angleterre. Peu importe que ce Robert Courte-Heuse n'ait pas exactement vécu comme nous allons voir que s'est conduit Robert le Diable; ce qui est certain, c'est que le peuple, en France et en Angleterre, a gardé le souvenir d'un Robert de Normandie qui s'était rendu redoutable aux gens de son époque. On prononce encore son nom en certains lieux, et ce ne sont pas seulement des historiens comme Guillaume de Jumiéges et Orderic Vital qui en parlent.

Du reste, la légende de Robert le Diable est extrêmement vieille. Il y a à la Bibliothèque impériale[1] deux manuscrits d'un roman en vers du treizième siècle qui a été imprimé en 1837 sous ce titre : *Le Roman de Robert le Diable, en vers du treizième siècle, pour la première fois, d'après les manuscrits de la Bibliothèque du roi, par G. S. Trébutien. Paris, Silvestre, in-4°* (en caractères gothiques).

Rien n'empêche de penser qu'il y a eu une légende antérieure à ce roman en vers du treizième siècle.

En tout cas, du treizième siècle au temps où vivait Ro-

---

1. Fonds la Vallière.

bert Courte-Heuse, la distance n'est pas très-grande. Après le roman vient un poëme dramatique, ou mystère qui a été trouvé parmi les *Mystères de Nostre-Dame* sous ce titre : *Cy commence un miracle de N. D. de Robert le Dyable, fils du duc de Normandie, à qui il fut enjoint pour ses meffaiz qu'il feist le fol sans parler ; et depuis ot noltre sire mercy de li et espousa la fille de l'empereur.* On l'a publié en 1836.

Mais à quoi bon les renseignements d'érudition ? Contentons-nous de savoir qu'au treizième siècle, sous saint Louis probablement, en tête des *Chroniques de Normandie*[1], a été écrit en prose le récit des aventures de Robert le Diable.

Une fois écrite, l'histoire s'est vite répandue. En 1496, paraît la *Vie du terrible Robert le Diable, lequel après fut nommé l'homme Dieu.* (Lyon, P. Mareschal, in-4º.) C'est là le livre qui a servi de modèle au narrateur dont la Bibliothèque bleue a imprimé l'œuvre. Nous avons eu fort peu de chose à faire pour que le style ancien, qui a amusé et instruit nos pères, pût instruire aujourd'hui et amuser encore leurs enfants, sans qu'il y eût rien d'obscur ou d'inusité dans les formes du langage.

Ce n'est pas précisément la vieille légende telle qu'elle était il y a trois ou quatre cents ans ; mais ce n'est pas un récit qui en diffère beaucoup.

Quel qu'il soit, l'auteur de cette *Vie du terrible Robert le Diable* était un habile homme qui entendait l'art de composer une histoire.

1. Première édition en 1487, gothique.

ROBERT LE DIABLE.

I

Commencement de l'histoire de Robert le Diable.

Dans la ville de Rouen, au pays de Normandie, naquit un enfant qui fut nommé Robert le Diable, ce qui est un nom fort épouvantable; et la cause pour laquelle il fut ainsi nommé, je vais vous la faire connaître.

En ce temps il y avait un duc en Normandie, vaillant et valeureux, doux et courtois, lequel craignait Dieu et faisait faire bonne justice à chacun; pieux, plaisant à Dieu et au monde : on l'appelait Hubert. Il fut fait mention de ses exploits et de sa vaillance en plusieurs chroniques anciennes, et il y avait en lui tant de bonnes qualités et de vertus que ce serait quasi chose impossible à raconter. Or il advint un jour de Noël que le duc tint sa cour à Vernon-sur-Seine[1], où se rendirent tous les barons et chevaliers de Normandie. Comme il n'était pas encore marié, les barons le prièrent de prendre femme afin d'augmenter sa lignée et d'avoir des successeurs.

Le duc voulut obtempérer à la prière de ses barons, et il leur répondit qu'il ferait volontiers ce qui leur plaisait, mais qu'il ne pouvait trouver une femme qui lui convînt. « Il ne m'appartient pas, disait-il, de prendre femme de plus haut lieu que je ne suis, et je ne dois pas non plus m'abaisser, car je ferais déshonneur à ma famille. C'est pourquoi il me semble qu'il vaut mieux rester ce que je suis que de faire une chose qui ne convient pas et de laquelle je pourrais me repentir. »

---

1. Dans le département de l'Eure.

Lorsqu'il eut prononcé ces paroles, le plus sage et le plus ancien de la compagnie se leva et dit : « Seigneur duc, vous avez parlé sagement ; mais, si vous voulez me croire, je vous dirai une chose dont vous serez joyeux. Le duc de Bourgogne a une belle fille, sage et honnête, qui vous convient à merveille. En l'épousant, vous pourrez accroître votre honneur, votre puissance et vos alliances ; et, si votre plaisir était de la faire demander, je suis certain qu'on ne vous la refuserait point. »

Alors le duc répondit que cela lui plaisait et que c'était sagement parler. Il ne tarda donc pas à demander la demoiselle, qui lui fut accordée, et on fit des noces magnifiques.

II

Comment, après que le duc de Normandie eut épousé la fille du duc de Bourgogne, il retourna à Rouen.

Le duc, ayant épousé ladite demoiselle, l'emmena en très-grande pompe en la cité de Rouen, accompagné de plusieurs barons, chevaliers, dames et demoiselles, tant du pays de Bourgogne que d'ailleurs ; il fut reçu avec magnificence, et il y eut de grandes réjouissances entre les Bourguignons et les Normands qui se trouvaient rassemblés là.

Le duc et la duchesse vécurent ensemble sans

avoir d'enfant jusqu'à l'âge de quarante ans. Ils étaient gens de bien, craignant et aimant Dieu, se confessant souvent de leurs péchés, faisant aumô-

nes et oraisons, se montrant doux et humains à chacun, de sorte que tous biens et toutes vertus abondaient n eux. Le duc adressait ses prières à

Dieu pour avoir des enfants par lesquels il pût être servi et honoré ; mais, quelques prières qu'il fît, il n'en pouvait obtenir. Et il s'en plaignait souvent devant la duchesse, qui lui répondait : « Sire, il faut nous y résigner, puisque cela plaît à Dieu, et avoir patience en toutes choses. »

III.
Comment naquit Robert et comment sa mère le donna au diable dès le commencement.

Peu de temps après, le duc alla à la chasse fort courroucé. Troublé en soi-même, il se plaignait et disait : « Je vois de nobles dames mères de plusieurs enfants qui font leur joie ; je reconnais bien maintenant que Dieu me hait. »

Alors le diable, qui est toujours prêt à décevoir le genre humain, tenta le duc et lui troubla si fort l'entendement que, quand il fut rentré en son palais, il alla trouver la duchesse, et pria Dieu de lui donner lignée. La duchesse, qui était en colère, dit follement : « S'il me vient un enfant, au diable soit-il donné ! Oui, dès à présent, je le lui donne de bonne volonté ! »

Justement ce jour-là Dieu leur accorda un enfant qui devait faire bien du mal dans sa vie, comme vous verrez ci-après ; car, naturellement, il était enclin à tous les vices et à toutes les fautes ;

toutefois, à la fin il se corrigea et se convertit si bien qu'il paya à Dieu une amende salutaire de ses forfaits; et il fut sauvé, comme le témoigne assez amplement l'histoire particulière de sa vie.

IV

Des terribles signes qui furent vus à la naissance de Robert le Diable.

La duchesse mit son enfant au jour avec grande peine et douleur.

Peu après que l'enfant fut né, il se montra une nuée si obscure qu'il semblait que la nuit était proche; et il commença à tonner si merveilleusement et il y eut tant d'éclairs qu'on eût cru le ciel ouvert et la maison enflammée.

Les quatre vents furent aussi émus de telle manière que la maison tremblait; il en tomba une grande partie sur le sol. Les seigneurs et les dames qui étaient là croyaient qu'ils allaient mourir, vu les terribles tempêtes qui couraient dans le ciel; mais à la fin Dieu voulut que le temps s'apaisât, et le calme reparut.

On porta l'enfant vers les fonts baptismaux[1]; il fut nommé Robert, et tous ceux qui le voyaient

---

1. *Fonts baptismaux*, fontaines baptismales, sources d'eau qui servent au baptême.

s'émerveillaient de ce qu'il était si grand : car on eût dit qu'il avait déjà un an. Du temps qu'on le portait à l'église et qu'on le ramenait au logis, il ne cessa de pleurer et de gémir. Incontinent les dents lui vinrent, et il s'en servit pour mordre les nourrices qui l'allaitaient, tellement que nulle femme ne le pouvait plus allaiter; et force fut qu'on lui donnât à boire dans un cornet qu'on lui mettait en la bouche. Avant qu'il eût un an, il parlait aussi bien que parlent les autres enfants à cinq. Plus il croissait, plus il prenait plaisir à mal faire; car, depuis qu'il pouvait aller tout seul, il n'était ni homme ni femme qui le pussent tenir; et, quand il trouvait les autres petits enfants, il les battait; leur jetait des pierres et les frappait de gros bâtons. En quelque lieu que ce fût; il ne cessait de mal faire. Il commença bien jeune à mener une mauvaise vie; il rompait les bras à l'un et les jambes à l'autre.

Les barons qui le voyaient disaient que c'était jeunesse et prenaient plaisir à ce que faisait l'enfant. Plus tard ils s'en repentirent.

V

Comment tous les enfants, d'un commun accord, le nommèrent Robert le Diable.

Bientôt après l'enfant grandit, non en bon cœur,

mais seulement de corps : ne dit-on pas communément que la mauvaise herbe croit vite ? Il allait par les rues, frappant et heurtant ce qu'il rencontrait,

comme s'il eût été enragé ; et nul n'osait se trouver devant lui.

Quelquefois les enfants s'assemblaient contre lui

et le battaient, et, quand ils le voyaient, la plupart disaient : « Voici le Diable ; » et ils s'enfuyaient devant lui comme les brebis devant le loup. Cette méchanceté fit qu'ils le nommèrent tous Robert le Diable. Cela fut connu bientôt dans le pays, de sorte que le nom lui resta; et il lui restera tant que durera le monde.

Quand l'enfant eut sept ans, le duc, voyant ses mauvaises manières, le fit venir pour lui faire des remontrances et lui dit : « Mon fils, il est temps que vous ayez un maître pour qu'il vous instruise et vous mène à l'école; car vous êtes assez grand pour apprendre ce qu'il faut apprendre, comme à lire et à écrire [1], et aussi pour vivre en bonnes mœurs. » Et il lui donna un maître pour l'instruire et le gouverner.

VI

Comment Robert le Diable tua le maître d'école d'un coup de couteau.

Ainsi qu'on le sait, le maître voulant un jour corriger Robert de plusieurs fautes qu'il avait commises, Robert tira son couteau et l'en frappa tellement qu'il en mourut. Puis Robert dit à son maître en lui jetant son livre par dépit : « Maître,

---

1. En ce temps-là les plus savants ne savaient guère autre chose.

voilà votre science ; jamais prêtre ni clerc[1] ne sera mon maître ; je vous l'ai assez fait connaître. »

Et depuis, il n'y eut maître si hardi qui osât entreprendre de l'instruire et châtier en quelque manière que ce fût ; force fut donc au duc de le laisser vivre à sa fantaisie.

Il ne se plaisait qu'à mal faire ; il n'avait aucun respect pour Dieu et l'Église, et ne gardait en rien ni raison ni mesure. Il était enclin à tous les vices. Quand il allait à l'église et qu'il voyait que les prêtres et les clercs voulaient chanter, il avait des poudres et autres ordures qu'il jetait par grande dérision. S'il voyait des gens prier Dieu, il les frappait par derrière. Chacun le maudissait donc pour le mal qu'il faisait ; et le duc, voyant son fils si méchant et si mal morigéné, en était assez peiné pour désirer sa mort. La duchesse en était si inquiète que c'était merveille. Un jour elle dit au duc : « L'enfant a beaucoup d'âge et est assez grand ; il me semble qu'il serait bon de le faire chevalier ; il changera peut-être de vie. » Le duc approuva ces paroles de la duchesse. Robert n'avait que dix-sept ans.

1. Homme de science.

VII.

Comment Robert fut fait chevalier.

Quelques jours avant la Pentecôte, le duc ordonna par tout son pays que les principaux de ses barons s'assemblassent. En leur présence, il appela Robert et lui dit (après avoir eu l'avis de tous les assistants) : « Mon fils, entendez ce que je veux dire par le conseil de nos barons. Vous serez chevalier, afin que vous puissiez hanter les autres chevaliers et prud'hommes [1], et changiez vos habitudes; et ayez de meilleures manières de vivre, car les vôtres sont déplaisantes; soyez donc courtois, humble et bon, ainsi que sont les autres chevaliers, car les honneurs changent les mœurs. »

Alors Robert répondit à son père : « Je serai donc chevalier; mais il ne m'importe que je sois en haut ou en bas; je suis décidé à faire entièrement ce qu'en mon cœur je pense, et à agir ainsi que mon esprit me conduira, d'où il suit que je n'ai pas à changer mes manières de vivre. »

La veille [2] de la Pentecôte fut bien veillée; mais, en cette nuit, qui eût dû être toute de recueille-

---

1. Hommes sages.
2. *Veille*, ici, ne veut pas dire *le jour qui précède*, mais *le temps où l'on veille*.

ment, Robert ne cessa de frapper l'un et de heurter l'autre, ne se souciant guère de prier Dieu. Le lendemain, jour de la Pentecôte, Robert fut fait chevalier. Le duc fit crier une joute à laquelle fut Robert, qui ne craignait nul homme, tant hardi fût-il. Il attaquait quiconque se trouvait là. Les joutes commencèrent, et, si vous vous y étiez trouvé, vous auriez vu beau carnage : car Robert, qui était tout plein de cruauté, n'épargnait personne ; tous ceux qui étaient devant lui, il les faisait tomber de cheval à terre ; à l'un il rompait le col, à l'autre la cuisse. Il attendait tout homme qui venait jouter contre lui ; mais nul n'échappait de ses mains sans en porter la marque ou aux reins ou aux cuisses ; tous étaient marqués quelque part. Il gâta dix chevaux en ces joutes. Les nouvelles en furent portées au duc, qui en fut bien fâché ; il y alla et voulut faire cesser les engagements ; mais Robert, qui semblait enragé et hors de sens, ne voulut pas obéir au duc son père ; il commença à frapper de côté et d'autre et à abattre chevaux et chevaliers, tellement qu'en ce jour-là il tua trois des plus vaillants chevaliers. Tous ceux qui étaient à lui demandèrent quartier ; mais c'était en vain, et nul n'osait se trouver devant lui, tant il était fort, et parce qu'il était si inhumain que chacun le haïssait. On lui disait : « Pour la grâce de Dieu, Robert, laissez la joute ; car monseigneur votre père a fait dire que chacun cesse, et il est courroucé de ce que plusieurs personnes de qualité ont perdu la vie. » Mais Robert, qui était échauffé et quasi hors de sens, ne tenait aucun compte des choses qu'on lui disait; il faisait de pis en pis, tuant tous ceux qu'il rencontrait. Robert fit tant que le peuple s'émut et vint vers le duc, disant : « Seigneur duc, c'est grande folie de souffrir que votre fils Robert fasse ce qu'il fait; pour Dieu, veuillez y porter remède. »

VIII

Comment Robert allait par le pays de Normandie, désolant et prenant tout, et blessant chacun.

Quand Robert vit qu'il n'y avait plus personne aux joutes, il s'en fut par le pays, où il fit des maux bien plus grands que ceux qu'il avait faits jusqu'alors. Il tua tant de gens que ce fut pitié. Et il n'y avait nul homme en Normandie qui ne fût outragé par lui; mêmement il pillait les églises et leur faisait guère incessamment. Il n'y avait abbaye qu'il ne fît dépouiller et détruire.

Tous ceux qu'il avait battus, blessés et volés, venaient se plaindre au duc et lui racontaient le désordre que faisait Robert par tout le pays de Normandie. L'un disait : « Monseigneur, votre fils m'a pris ma femme; » l'autre disait : « Il a enlevé ma fille; » l'autre disait : « Il m'a volé; » l'autre disait : « Il m'a battu et blessé. »

Le duc, qui entendait dire ces choses de son fils, se prit à pleurer et dit : « J'ai eu une grande joie en voyant qu'il me naissait un fils; mais j'en ai un qui me fait tant de peine que je ne sais ce que je dois faire. »

IX

Comment le duc de Normandie envoya des gens pour prendre son fils Robert, qui leur creva les yeux.

Un chevalier qui était là, voyant le duc en cette grande douleur, lui dit : « Monseigneur, je vous conseille de mander Robert et de le faire venir devant vous, en la présence de toute votre cour. Vous lui défendrez de faire dorénavant le moindre mal, lui disant que, s'il désobéit, vous le ferez emprisonner et ordonnerez justice. »

Le duc écouta volontiers ce conseil et dit que le chevalier avait parlé sagement. Il envoya aussitôt des gens par le pays pour chercher Robert, et leur commanda de l'amener devant lui.

Robert, qui était dans les champs, apprit que le peuple s'était plaint à son père et que le duc avait commandé qu'il fût pris et mené devant lui. Sa colère fut grande; et à tous ceux qu'il rencontrait, même aux messagers de son père, il creva les yeux. Quand il les eut ainsi aveuglés, il leur dit par moquerie : « Mes amis, vous en dormirez mieux ; allez dire à mon père que je ne fais guère attention à ses ordres, puisque, en dépit de lui et de ce qu'il me mande, je vous ai crevé les yeux, comme vous devez le savoir. »

Les messagers qui avaient été envoyés pour amener Robert retournèrent en pleurant vers le duc et lui dirent : « Voyez, seigneur, comme votre fils nous a aveuglés et mal accommodés. » Le duc fut fort fâché des nouvelles qu'il avait apprises, et il commença à songer à ce qu'il devait faire pour venir à bout de son fils.

X

Comment le duc de Normandie fit faire commandement par tout son pays que Robert fût pris et mené en prison, lui et ses compagnons.

Il réunit son conseil et dit : « Seigneurs, ne pensez plus à cela ; car je vous certifie, vu la grande rébellion de Robert et ce qu'il a fait aux messagers, que jamais il ne reviendra vers nous ; mais il est nécessaire de punir les maux qu'il a faits, comme le veulent la raison, les lois et la justice. »

Ayant ainsi parlé, il envoya incontinent, par toutes les villes du duché, crier, publier et commander, de par lui, à tous les sergents, justiciers et officiers, qu'ils fissent diligence pour prendre Robert et l'enfermer, et avec lui tous ceux qui étaient de sa bande et qui l'aidaient à mal faire. Cet édit fait et publié par le duc vint à la connaissance de Robert le Diable, et peu s'en fallut qu'il ne perdît la raison. Il grinçait des dents et jurait qu'il ferait la guerre au duc son père, et qu'il le mettrait à mal : en quoi le diable le conseillait.

XI

Comment Robert le Diable établit une maison dans un bois ténébreux et obscur, et là, fit des maux sans nombre.

Robert fit faire une maison forte dans un grand bois, en un lieu obscur et ténébreux, où il alla établir sa résidence. Or ce lieu était presque inhabitable et plus périlleux qu'on ne saurait dire. Robert fit assembler avec lui tous les mauvais garçons du pays et les retint pour le servir ; car il y en avait de mauvais et de diverses sortes, comme larrons, meurtriers, gens pervers et mauvais, épieurs de chemins, brigands de bois, et gens bannis, gens excommuniés, désireux de mal faire, gens gloutons et orgueilleux, et les plus terribles de ceux qui vivaient alors sous les cieux ; Robert en fit une grande troupe, dont il était capitaine.

En ce bois, Robert et ses compagnons faisaient des maux innombrables et sans honte aucune. Ils coupaient la gorge des voyageurs et détruisaient les marchands ; nul n'osait aller dans les champs à cause de la crainte qu'on avait d'eux ; chacun tremblait de peur ; tout le pays était pillé par Robert et ses compagnons ; nul n'osait sortir de son logis : car aussitôt on était pris et enlevé par eux, et les pauvres pèlerins qui passaient par le pays étaient saisis et mis à mort.

Tout le peuple les craignait donc et les redoutait, comme les brebis craignent les loups ; car, à la vérité, ils étaient tous des loups, ravissant et dévorant ce qu'ils pouvaient rencontrer. Robert le Diable mena en ce lieu une très-mauvaise vie avec ses compagnons ; à toute heure il voulait manger et gourmander, et jamais il ne jeûna, que ce fût grande vigile, carême ou quatre-temps. Tous les jours il mangeait de la chair, le vendredi comme le dimanche. Mais après que lui et tous ses gens eurent commis une foule de crimes, il eut lui-même à souffrir beaucoup, comme vous verrez ci-après.

XII

Comment Robert le Diable tua sept ermites en un bois.

Or, durant le temps où Robert le Diable était en ce bois avec ses meurtriers et pilleurs d'églises, pires que dragons, loups et larrons, il n'avait pas son pareil au monde pour le mal, car il ne craignait ni Dieu ni diable. Un jour qu'il avait grande volonté de mal faire, il s'en alla hors de sa maison pour chercher quelque mauvaise aventure ou quelqu'un qu'il pût tourmenter, comme il avait accoutumé ; quand il fut dans le bois, il rencontra sept ermites et les tua avec son épée. Ils ne lui voulurent opposer aucune résistance ; mais ils souffrirent et endurèrent pour l'amour de Dieu tout ce qu'il leur voulut faire ; puis, quand il eut tout tué, il dit en se riant d'eux : « J'ai trouvé une belle nichée. »

Ainsi Robert le Diable commit un grand meurtre en dépit de Dieu et de la sainte Église. Il voulait mettre tout le monde en sa sujétion. Après qu'il eut fait cette méchanceté, il sortit de la forêt comme un diable forcené et pire qu'un enragé ; et ses vêtements étaient tout rouges et teints du sang de ceux qu'il avait tués.

XIII

Comment Robert s'en alla au château d'Arques vers sa mère, qui y était venue dîner.

Une fois Robert arriva dans le voisinage du château d'Arques[1]; en chemin il tua un pauvre petit berger qui lui avait dit que la duchesse sa mère devait venir dans le château. Quand il fut tout à fait près de la porte, les hommes, les femmes et les petits enfants s'enfuyaient devant lui; les uns s'enfermaient dans leurs maisons et les autres se retiraient dans l'église. Alors Robert, voyant que chacun fuyait devant lui, commença à penser en lui-même, et dit en pleurant : « Mon Dieu, d'où vient donc que chacun s'enfuit devant moi? je suis bien malheureux et le plus infortuné homme de ce monde; il semble que je sois un loup. Hélas! je conçois bien maintenant que je suis le plus mauvais de tous les hommes. Je dois maudire ma vie, car je crois que je suis haï de Dieu et du monde. »

Dans ces sentiments, Robert vint jusqu'à la porte du château et descendit de son cheval; mais

---

1. Sur la rivière d'Arques, près de Dieppe (Seine-Inférieure). Henri IV y a gagné une bataille contre les Espagnols et les Ligueurs.

personne n'osait approcher de lui pour le prendre, et il n'avait point de page pour le servir. Il laissa le cheval à la porte du château, et s'en alla à la salle où était sa mère ; et, quand elle vit son fils, duquel elle savait la cruauté, elle fut tout épouvantée et voulait s'enfuir. Alors lui, qui avait vu que les gens s'étaient enfuis devant lui et qui en avait grande douleur, s'écria : « Madame, n'ayez pas peur de moi et ne bougez jusqu'à ce que je vous aie parlé. » Il s'approcha d'elle et lui parla en cette manière : « Madame, je vous supplie qu'il vous plaise de me dire d'où vient que je suis si terrible et si cruel ; car il faut que cela procède de vous ou de mon père : ainsi je vous prie de me dire la vérité. »

La duchesse fut étonnée d'ouïr ainsi parler Robert, et, reconnaissant son fils, se jeta à ses pieds et lui dit en pleurant : « Mon fils, je veux que vous me coupiez la tête. » Car elle savait bien que c'était par elle que Robert était si méchant, à cause des paroles qu'elle avait dites autrefois.

Robert lui répondit : « Hélas ! madame, pourquoi vous ferais-je mourir, moi qui ai tant fait de maux ? Je serais pire que jamais, et je ne ferai cela pour rien au monde. »

Alors la duchesse lui raconta comment elle l'avait donné au diable ; elle se croyait la plus malheureuse femme qui fut jamais, et peu s'en fallait qu'elle ne se désespérât. Quand Robert entendit ce que sa mère lui disait, il tomba évanoui de

la douleur qu'il eut au cœur, puis il revint à lui, pleura amèrement, et dit : « Les diables ont grande envie d'avoir mon corps et mon âme ; mais dorénavant je veux cesser de mal faire, renonçant à toutes les œuvres du démon. »

Puis il dit à sa mère : « Ma très-honorée dame et mère, je vous supplie humblement que ce soit votre bon plaisir de me recommander à mon père, car je veux aller à Rome, où présentement est le pape avec l'empereur[1], pour me confesser des péchés que j'ai faits, ne pouvant plus dormir en repos jusqu'à ce que j'aie été vers le pape, qui absout les pécheurs. Mon père m'a fait bannir de son pays et toujours m'a fait grande guerre ; mais de tout cela je ne me soucie. Je n'ai jamais voulu amasser de richesses ; je suis décidé tout à fait à travailler au salut de mon âme, et dorénavant j'y emploierai tout mon temps et mon entendement. »

XIV

Comment Robert quitta sa mère, qui en eut grande douleur.

Robert monta à cheval et retourna vers ses gens, qu'il avait laissés dans la forêt, et la duchesse demeura en son hôtel, s'affligeant et se tourmentant pour l'amour de son fils qui avait pris congé d'elle. Souvent elle s'écriait à haute voix : « Hélas !

1. L'empereur d'Allemagne, successeur de Charlemagne et roi d'Italie.

que j'ai de douleur! Que ferai-je? mon fils Robert n'a pas tort s'il n'accuse que moi; car il me hait; et je me veux du mal, moi qui suis cause de tant de maux qu'il a faits. »

Tandis que la duchesse se désolait ainsi, le duc arriva, et, quand il fut auprès d'elle, elle lui répéta tristement ce que Robert avait dit; le duc lui demanda si son fils se repentait du mal qu'il avait fait. « Ce que Robert veut entreprendre ne saurait jamais réparer les grands dommages qu'il a faits par le pays; et toutefois je prie Dieu de le vouloir conduire de telle façon qu'il arrive à bonne fin : car je ne crois pas que jamais il puisse revenir, s'il ne se met en chemin pour aller à Rome, et il mourra si Dieu n'a pitié de lui. »

Lorsque Robert fut parti d'Arques, il chemina si longtemps qu'il arriva dans le bois où il avait laissé ses compagnons, qui étaient à table et dînaient. Quand ils virent Robert, ils se levèrent tous pour lui faire honneur; mais Robert commença à leur remontrer leur vie perverse et mauvaise, en les voulant corriger, et il leur dit : « Pour l'honneur de Dieu, compagnons, entendez bien ce que je veux vous dire : vous savez et connaissez la détestable vie que nous avons menée le temps passé, très-dangereuse pour nos corps et nos âmes; vous savez combien d'églises nous avons détruites et ruinées, combien de marchands nous avons volés et tués. On aurait peine à compter les gens d'Église et les vaillants hommes qui ont été mis à mort par nous : aussi sommes-nous tous en danger d'être damnés, si Dieu n'a pitié de nous. Je vous supplie, pour l'amour de Dieu, de renoncer à cette dangereuse vie, et de faire avec moi pénitence des péchés que nous avons commis. Quant à moi, je suis décidé à me rendre à Rome, où présentement est le pape avec l'empereur, pour confesser mes péchés, espérant obtenir mon pardon; et je ferai pénitence de tous les crimes que j'ai commis. »

Alors un des larrons se leva comme un fou et dit à ses compagnons : « Avisez le renard; il deviendra ermite. Robert se moque bien de nous; il est notre capitaine et notre maître; c'est lui qui fait la pire besogne de nous tous et qui nous montre le chemin. Que vous semble de ceci? durera-t-il en cette résolution?

— Seigneurs, dit Robert, je vous supplie de bon cœur, ne dites pas ces choses; mais pensez au salut de vos âmes et de vos corps; demandez pardon à Dieu tout-puissant; il aura pitié de vous. Ce serait une grande erreur que de demeurer en cet état. Employez vos œuvres à honorer et à servir Dieu. »

Quand Robert eut dit cela, un des larrons lui dit : « Notre maître, laissez ces choses, car vous parlez pour rien : quoi que vous puissiez dire ou faire, nous ne vivrons jamais autrement, et soyez assuré que telle est notre intention. A cela nous sommes obstinés ; nous ne demeurerons jamais en paix ni ne cesserons de mal faire ; car nous ne changerons jamais. »

Tous les autres qui étaient là dirent d'un commun accord : « Il est vrai ; car ni pour vie ni pour mort, nous ne changerons point ; nous l'avons ainsi conclu entre nous : c'est notre volonté. »

XV

Comment Robert le Diable assomma ses compagnons.

Robert, ayant entendu ce que les larrons disaient, en fut courroucé et dit : « Si ces ribauds demeuraient dans cette opinion, ils feraient encore beaucoup de mal. » Il se retira vers la porte de la maison, la ferma, prit une grosse massue et en frappa un des vagabonds de telle sorte qu'il tomba mort, et travailla tellement sur les larrons que l'un après l'autre il les assomma tous.

Quand Robert eut ainsi assommé ses gens, il dit en lui-même : « Mes braves amis, je vous ai bien récompensés, parce que vous m'avez bien servi ; qui bon maître sert, bon loyer¹ en attend. » Robert songea à mettre le feu à la maison, et, si ce n'eût été

1. Bon salaire.

qu'il y avait beaucoup de biens qui se fussent gâtés par le feu et n'eussent jamais profité à personne, il n'aurait pas hésité. Il ferma donc la porte et emporta la clef avec lui.

XVI

Comment Robert s'en alla à Rome, où était le pape, pour avoir pardon de ses péchés.

Robert s'en alla à Rome pour parvenir à ce qu'il désirait; il chemina avec diligence et y arriva le jeudi saint, ce qui était un bon jour pour se confesser et se mettre en bon état. En route, son cœur s'était bien changé.

XVII

Comment Robert arriva à Rome.

Quand Robert arriva à Rome, le pape était en l'église de Saint-Pierre[1] et faisait le service divin, comme il a coutume de le faire en ce jour; Robert s'efforça d'approcher près de lui. Les ministres et autres gens du pape étaient tous courroucés de ce que Robert voulait arriver jusqu'à leur seigneur,

---

1. L'ancienne basilique sur l'emplacement de laquelle fut plus tard bâtie l'église dont Michel-Ange a élevé le dôme.

et plusieurs de ceux qui le voyaient le frappaient. Mais, plus ils frappaient, plus il avançait; il fit tant qu'il arriva là où était le pape, il se jeta à genoux à ses pieds en criant à haute voix : « Saint-père, ayez pitié de moi, » ce qu'il dit à plusieurs reprises; et ceux qui étaient auprès du pape étaient fort mécontents de ce qu'il faisait un pareil bruit et le voulaient chasser; mais le saint-père, voyant son ardent désir, en eut pitié et dit à ses gens : « Laissez-le entrer; car, à ce que je vois, il a grande dévotion. » Et il commanda qu'on fît silence, afin qu'il pût mieux entendre ce que Robert voulait dire.

Alors Robert parla au pape et lui dit : « Saint-père, je suis le plus grand pécheur du monde. »

Le pape le prit par la main et le fit lever; puis il lui demanda : « Que voulez-vous? pourquoi parlez-vous ainsi?

— Ah! saint-père, dit Robert, je vous prie qu'il vous plaise de m'ouïr en confession : car, si je n'ai pas absolution de vous pour tous les péchés que j'ai faits, je suis éternellement damné, ainsi que l'on m'en a averti; et j'ai grand'peur en moi que le diable ne m'emporte, vu les terribles et énormes péchés dont je suis rempli, plus que nul homme au monde. Et, parce que vous êtes celui qui a la puissance de donner aide et consolation à ceux qui en ont besoin, je vous supplie très-humblement, en l'honneur de la sainte passion de Dieu, qu'il vous plaise me purger et nettoyer de mes maux et des péchés que ma conscience me reproche, par lesquels je suis vil et abominable plus que n'est un diable. »

Quand le pape l'ouït ainsi parler, il se douta que c'était Robert le Diable, et lui dit : « Beau fils, ne t'appelles-tu pas Robert, duquel j'ai tant ouï parler?

— Oui, » dit Robert.

Alors le pape dit : « Tu auras l'absolution; mais, je te conjure par le Dieu vivant, ne fais mal ni dommage à personne. »

Et le pape et ceux qui étaient là furent épouvantés de le voir. Robert s'agenouilla devant le pape, en grande humilité, contrition et repentir de ses péchés, et dit : « A Dieu ne plaise que je fasse mal à personne qui soit ici ni ailleurs, tant que je pourrai m'en empêcher! »

Le pape se retira à part, fit venir Robert devant lui, lequel se confessa humblement et lui déclara comment, avant sa naissance, sa mère s'était courroucée et l'avait donné au diable, disant que de cela il avait grande douleur et crainte.

XVIII

Comment le pape envoya Robert à trois lieues de Rome, vers un saint ermite, pour avoir pénitence de ses péchés.

Quand le pape l'entendit ainsi parler, il s'en émerveilla et fit le signe de croix sur lui, puis il

dit : « Il faut que tu t'en ailles à trois lieues d'ici ; tu trouveras un prêtre qui est confesseur ; tu te confesseras à lui de tous les péchés que tu as faits, et tu lui diras qu'il te donne pénitence, selon que tu as péché. Celui que je t'indique est le plus sage et le plus saint qui soit aujourd'hui sur terre. Je suis certain que par lui tu seras confessé et absous. »

Robert répondit au pape : « Je le ferai volontiers ; » puis il prit congé de lui en disant : « Que Dieu veuille que je puisse faire le salut de mon âme ! » Ce jour se passa et Robert demeura à Rome, parce qu'il était nuit.

Le lendemain, au matin, il se leva et se mit en route pour aller vers l'ermite auquel le pape l'envoyait pour se confesser.

Alors l'ermite lui dit : « Soyez le bienvenu. » Et quand ils eurent passé un peu de temps ensemble, Robert commença à lui raconter sa vie et lui déclara ses péchés. Premièrement il lui conta comment, par courroux, sa mère l'avait donné au diable, ce dont il avait grande peur, et comment, lorsqu'il était devenu un peu grand, il battait les enfants; comment il cassait la tête à l'un, les bras ou les jambes à l'autre; comment il avait tué son maître d'école, parce qu'il le voulait corriger et châtier; comment, grâce à sa malice, il ne s'était plus trouvé depuis de maître si hardi qui l'osât prendre à son école, ce qui chargeait fort sa conscience, parce qu'il avait ainsi mal employé son temps sans rien apprendre; et comment, après que son père l'avait fait chevalier, il avait tué tant de vaillants chevaliers en la joute par sa grande cruauté ; après cela, comment il s'en était allé par le pays, détruisant les églises, enlevant les femmes mariées et les jeunes-filles ; comment il avait tué sept ermites ; et, pour abréger, il conta toute sa vie à l'ermite, depuis le jour où il prit naissance jusqu'à l'heure de sa confession. L'ermite en fut saisi ; néanmoins il était joyeux de la grande contrition que Robert sentait en lui à cause de ses péchés. Et quand ils eurent longtemps parlé ensemble, l'ermite dit à Robert : « Mon fils, demeurez aujourd'hui ici avec moi, et demain matin, au plaisir de Dieu, je vous conseillerai ce que vous avez à faire. »

Robert, qui avait été le plus terrible homme qui fut jamais, plus fier et plus orgueilleux qu'un lion, était alors bien doux et bien débonnaire ; il avait aussi bonne contenance que jamais eut prince de la terre. Il était si las et si abattu de la peine et de la fatigue qu'il avait endurées qu'il ne pouvait ni boire ni manger. Il se mit à genoux pour faire son oraison et commença à prier Dieu dévotement pour que, par sa grande miséricorde, il le voulût garder de l'ennemi de l'enfer et pour qu'il lui plût de lui donner la victoire sur le diable. Quand il fut nuit, l'ermite fit coucher Robert en une petite chapelle près de l'ermitage, et ne cessa toute la nuit de prier Dieu pour lui, à cause de sa grande repentance. Et l'ermite fut si long en son oraison qu'il s'endormit.

XIX

Comment l'ange de Dieu annonça à l'ermite la pénitence qu'il devait donner à Robert le Diable.

Tout aussitôt qu'il fut endormi par la volonté de Dieu, il songea, et il crut entendre un ange qui était envoyé de Dieu et lui disait : « Homme, Dieu te demande par moi si Robert veut avoir et obtenir pardon de ses péchés. S'il le veut, il faut qu'il contrefasse le fou et le muet et qu'il ne mange que ce qu'il pourra ôter aux chiens ; il faut qu'il reste en cet état, sans parler ni manger, tant qu'il plaira à Dieu de l'y maintenir, et jusqu'à ce qu'il ait fait pénitence de ses péchés. »

Alors l'ermite s'éveilla tout effrayé et pensa longuement sur son songe. Quand il eut beaucoup pensé, il commença à louer et à remercier Dieu de ce qu'il avait pris pitié de son pécheur, puis il se mit en oraison en attendant le jour. Et quand le jour fut venu, il fut ému d'ardent amour envers Robert, l'appela et lui dit : « Mon ami, venez vers moi. » Et incontinent Robert s'approcha du saint ermite en grande contrition et avec repentir de tous ses péchés ; il les confessa encore et l'ermite lui dit : « Mon fils, j'ai pensé à la pénitence qu'il vous convient de faire et d'accomplir, afin que vous puissiez obtenir grâce et pardon de tous les péchés que vous avez faits. Vous contreferez le fou et ne mangerez rien, sinon ce que vous pourrez ôter aux chiens quand on leur aura donné à manger. Et vous vous garderez de parler et resterez muet. Ainsi a été ordonnée à moi par Dieu votre pénitence. Vous ne ferez nul mal à personne qui soit au monde; et vous resterez en cet état jusqu'à ce qu'il plaise à Dieu de vous faire savoir que vous avez fait assez pénitence. Et je vous recommande et vous enjoins de faire et d'accomplir expressément ces choses; car, quand vous aurez fait votre pénitence, il vous sera mandé de par Dieu que vous cessiez. »

Quand Robert eut entendu ces mots, il fut fort joyeux et remercia Dieu de ce qu'il était quitte et absous pour si peu. Alors il prit congé de l'ermite et s'en alla en grande humilité et dévotion, commençant son âpre punition. Il lui semblait qu'elle était trop petite et de peu d'importance, vu les grands péchés qu'il avait commis du temps de sa jeunesse. Dieu montra alors un beau miracle et sa grande bonté, quand, par sa grande miséricorde, un homme plus orgueilleux qu'un paon, plus félon qu'un tigre, plus rempli de tous maux et péchés que nul homme ne fut jamais, devint innocent, humble, gracieux, doux et bénin comme un agneau. Tout s'était changé de mal en bien.

XX

Comment Robert prit congé de l'ermite et s'en retourna à Rome faire sa pénitence.

Robert quitta donc l'ermite. Il arriva à Rome, et, étant arrivé, il se prit à cheminer par la ville, contrefaisant le fou; mais il ne chemina guère sans attirer à lui plusieurs petits enfants qui croyaient qu'il était fou, et tous ensemble allaient courant après lui avec des cris moqueurs et lui jetant de vieux souliers. Les gens de Rome qui le voyaient le raillaient et criaient comme les enfants.

Quand il eut un peu demeuré dans la cité de Rome, il arriva un jour qu'il se trouva près de la maison de l'empereur. La porte s'étant ouverte, il entra et se promena par la salle; tantôt il allait fort, tantôt il allait doucement; puis il courait et ensuite s'arrêtait tout coi : car il ne demeurait guère en un lieu. L'empereur, qui était là, y prit garde, et dit à un de ses écuyers, en parlant de Robert : « Voyez le plus bel écuyer que j'aie jamais vu; car il a beau corps et de bonne forme; faites-lui donner à manger; appelez-le et faites-le bien servir. »

L'empereur l'appela; mais Robert ne répondit mot : on le fit asseoir à la table; il ne voulut ni boire ni manger, quoiqu'on lui présentât de grands plats. Tous ceux qui étaient présents s'émerveillaient de ce qu'il faisait si mauvaise chère et ne voulait

rien manger à si bonne table. L'empereur avisa un chien qui était sous la table et lui jeta un os, que celui-ci se prit à ronger aussitôt. Quand Robert vit le chien tenir l'os, incontinent il sortit de la place à laquelle il était assis, et, courant après lui, fit tant qu'il le lui ôta. Le chien voulut se revancher. Là vous eussiez eu beaucoup de plaisir; car Robert et le chien tiraient chacun par un côté, et Robert était couché par terre, mangeant à un bout, et le chien à l'autre.

Il ne faut pas demander si l'empereur et tous ceux qui étaient là présents étaient aises de voir la conduite de Robert envers le chien. Toutefois Robert fit tant qu'il lui ôta l'os et commença à manger, car il avait grand'faim, étant à jeun depuis longtemps. L'empereur, qui regardait toutes ces choses, jeta à un autre chien un pain entier; mais aussitôt Robert le lui ôta, le rompit, en donna au chien, comme cela était juste, et mangea. L'empereur commença à rire quand il vit cela, puis il dit à ses gens : « Nous avons ici le fou le plus singulier et le plus vaillant que j'aie vu de ma vie. Je crois qu'il ne prend ni ne mange rien que par le moyen des chiens. »

Et afin que Robert pût manger son soûl, tous ceux de la maison de l'empereur donnaient à manger en grande abondance aux chiens. Quand Robert eut bien mangé, il commença à se promener par la salle, tenant son bâton en sa main, et frappant contre les bancs et les murailles comme s'il eût été fou. Et en se promenant par la salle, il trouva une porte qui donnait sur un beau verger, où il y avait une fontaine. Robert, qui avait très-grande soif, y but tant qu'il fut rassasié.

Quand la nuit s'approcha, Robert se tint auprès d'un chien, et il le suivait, quelque part qu'il allât. Le chien, qui avait coutume de coucher sous un degré, y retourna coucher. Robert, qui ne savait où il devait reposer, s'en fut coucher auprès du chien pour dormir cette nuit. L'empereur, qui regardait tout, eut pitié de Robert et commanda de lui apporter un lit et qu'il fût couché bien droit. Alors deux serviteurs apportèrent un lit; mais Robert ne voulut pas que le lit demeurât; il fit signe qu'on le remportât, aimant mieux coucher sur la terre que sur le lit qui était mou. Et il fit signe à ceux qui étaient là de s'en retourner. L'empereur s'en étonna grandement, et derechef commanda qu'on apportât du foin à grande foison pour mettre sous Robert qui, étant las et rompu, se coucha pour dormir et se reposer.

Pensez et considérez quelle vertu de patience il y avait en Robert: car celui qui auparavant avait accoutumé de coucher en un lit mol, bien encourtiné de belles toiles fines, dans une chambre bien parée et tapissée, de boire d'excellents vins et des breuvages délicats, mangeant viande exquise, comme il appartenait à sa condition, était si changé de manières qu'il lui fallait boire et manger, se coucher et se lever avec les chiens. Chacun avait l'habitude de l'appeler Monseigneur et de lui faire honneur comme à l'homme le plus craint qui fût sur la terre. Maintenant chacun l'appelle fou et se moque de lui et le méprise. Hélas! quelle douleur pouvait avoir Robert quand il était contraint de souffrir et d'endurer de telles choses. Mais un homme patient peut supporter tout sans injure ni honte : car qui est rempli de vertu ne peut être déçu. C'est un mérite à l'homme de prendre en patience les injustices et les outrages dont on l'accable à tort en ce monde; car en l'autre il obtient la grâce et l'amour de Dieu, et bien souvent par là croissent en lui vertus, honneurs et richesses.

Robert vécut longtemps en cet état; et le chien, qui connaissait que pour l'amour de Robert on lui donnait à manger plus que de coutume, se prit à l'aimer très-fort, et à toute heure du jour lui faisait fête et caresse.

XXI

Comment le sénéchal de l'empereur assembla grand nombre de Sarrasins pour faire la guerre à l'empereur, parce qu'il ne voulait pas lui donner sa fille en mariage.

Le temps de la pénitence de Robert dura sept années environ, durant lesquelles il contrefit le fou et le muet en la maison de l'empereur. Celui-ci avait une fille qui était muette et jamais n'avait parlé. Nonobstant cela, le sénéchal de l'empereur, qui était un puissant seigneur, l'avait fait demander et la voulait avoir pour femme. Mais l'empereur, sentant que c'eût été ternir l'honneur de sa race, n'y voulut point consentir. Le sénéchal en fut mécontent contre l'empereur et en eut grand chagrin, songeant en lui-même qu'il lui ferait la guerre. Il commença donc à assembler une grande armée pour faire la guerre à l'empereur; car il lui semblait bien que par la force il aurait bientôt conquis tout l'empire; il fit grand amas de Sarrasins, et, avec toute sa compagnie, il vint auprès de la ville de Rome et voulut l'assiéger. L'empereur appela tous ses barons et toute sa chevalerie, et tint conseil avec eux, disant : « Seigneurs, avisons à ce que nous pouvons faire contre ces misérables Sarrasins qui nous viennent assiéger et faire outrage, ce dont j'ai grande douleur; car ils tiennent déjà tout le pays en leur sujétion, et nous tueront tous, si Dieu ne nous aide par sa grâce et sa miséricorde. Aussi je vous prie de trouver moyen de les détruire, afin qu'avec une puissante armée nous les allions assaillir, et que nous les empêchions de séjourner plus longuement. »

Alors les barons et les chevaliers, qui étaient tous de même opinion, dirent : « Sire, vous avez sagement parlé; nous sommes tous d'accord et prêts à défendre tous vos droits ; et nous ferons tant qu'avec le plaisir de Dieu nous les ferons tous mourir de male mort[1] ; et ils maudiront l'heure où ils entrèrent en cette vie d'ici-bas. »

L'empereur fut joyeux de la réponse des barons ; et aussitôt il fit crier par la cité de Rome que tous les hommes qui pourraient porter les armes eussent à se tenir prêts, afin d'assaillir les musulmans et de les faire tous mourir. Incontinent chacun se rendit vers l'empereur pour l'accompagner. Ils allèrent ensemble, en belle ordonnance, assaillir les Sarrasins ; l'empereur y était en personne. Mais, quoique la puissance des Romains fût grande, ils eussent été défaits si Dieu ne leur eût envoyé Robert pour les secourir.

XXII

Comment Dieu envoya par un ange un cheval et des armes blanches à Robert pour aller secourir les Romains.

Quand le jour fut venu où l'empereur et les Romains devaient avoir maille à partir[2] avec les Sar-

---

1. De mauvaise mort, de mort cruelle.
2. *Maille à partir*, maille à partager. La maille était une pièce de monnaie de valeur extrêmement petite, de sorte qu'il était impossible de partager réellement cette valeur en deux et que cela devenait forcément une occasion de querelle.

rasins, gens du sénéchal, Robert était allé à la fontaine où il était accoutumé de boire. Il vint une voix du ciel qui parlait doucement, disant : « Robert, Dieu te mande que sur-le-champ tu t'armes de ces armes blanches, que tu montes sur ce che-

val que je t'amène et que tu ailles secourir l'empereur. »

Robert ne put songer à désobéir au commandement que l'ange lui fit; il s'arma aussitôt des armes blanches que l'ange avait apportées, puis monta sur son cheval. La fille de l'empereur était aux fenêtres, par lesquelles on pouvait voir dans le jardin où est la fontaine. Elle vit comment Robert s'était armé. Si elle eût pu parler, elle n'eût pas manqué de le révéler; mais elle était muette.

Robert, ainsi armé et monté, s'en fut vers l'armée de l'empereur, que les Sarrasins serraient de bien près; car, si Dieu et Robert n'y eussent travaillé, l'empereur aurait été défait et tous ses gens eussent été mis à mort. Mais, dès que Robert fut arrivé, il se mit en la plus grande mêlée des Sarsasins et commença à frapper à droite et à gauche sur les ennemis. Là vous l'eussiez vu trancher têtes, couper bras et faire tomber gens et chevaux par terre. Il ne frappa pas un coup qu'il ne mît à mort quelqu'un de ces Sarrasins. Ainsi Robert tellement travailla, que le champ de bataille demeura à l'empereur.

XXIII

Comment, après que Robert eut défait les Sarrasins, il retourna à la fontaine.

Lorsque le champ et l'honneur de la bataille furent ainsi demeurés à l'empereur aidé de Robert, celui-ci retourna tout armé sur son cheval à la fontaine et se désarma; puis il mit ses armes sur le cheval, qui aussitôt s'évanouit. La fille de l'empereur, qui voyait cela, en était fort étonnée; elle l'eût volontiers dit; mais, vous le savez, elle ne pouvait prononcer mot, et jamais n'avait parlé.

Robert avait le visage tout égratigné des coups qu'il avait reçus en la bataille; mais il n'en avait pas rapporté d'autre mal.

L'empereur, tout joyeux, remercia Dieu de ce qu'il lui avait donné la victoire et retourna en son palais. Quand ce fut l'heure de souper, Robert se présenta à l'empereur, ainsi qu'il en avait l'habitude, contrefaisant le fou et le muet. L'empereur, qui regardait volontiers Robert, vit qu'il était blessé et crut que c'était là l'ouvrage de ses serviteurs. Aussi, dit-il en colère : « Il y a ici de mauvaises gens ; car, tandis que nous étions à la guerre, on a battu ce pauvre homme, et c'est un grand péché, puisqu'il ne fait de mal à personne et ne dit du mal de personne, étant aussi débonnaire et d'aussi bon commerce que cela se peut. »

Un chevalier répondit : « Oui, seigneur, tandis que nous étions à la bataille, les gens qui sont restés ici lui ont fait ces blessures. » L'empereur défendit à tous ses gens de le toucher.

Après quoi il interrogea tous ses chevaliers pour savoir s'ils connaissaient celui par lequel ils avaient été secourus, et sans lequel ils étaient perdus. « Je ne sais, dirent-ils, qui il peut être, mais sans lui nous étions tous déshonorés. C'est le plus vaillant et hardi chevalier que jamais on ait vu. Quel qu'il soit, il y a en lui grande vaillance. »

En entendant ce langage, la fille de l'empereur s'approcha de son père et lui fit des signes pour expliquer que c'était par Robert qu'ils avaient eu la victoire. L'empereur n'entendait pas le langage de sa fille. Il fit venir sa maîtresse devant lui, pour savoir ce qu'elle voulait dire. La maîtresse entendit ce que la princesse disait et le fit comprendre à l'empereur en cette sorte : « Votre fille veut dire que ce fou a tant fait, que sans lui vous eussiez été vaincu et eussiez perdu la bataille; que c'est par lui que vous avez eu gain de cause contre vos ennemis, et qu'il a combattu de façon à gagner la victoire. »

L'empereur se prit à rire et se moqua de ce que la maîtresse disait; et de cela il se courrouça et lui dit : « Vous devriez bien lui enseigner à se bien conduire; vous me la gâtez, et il vous en cuira si vous n'y prenez garde. Ce serait grand abus de penser que ce fou, qui est un vrai innocent[1], se fût comporté ainsi en homme de cœur et de sens, vu qu'il n'a ni force ni pouvoir. »

Quand la jeune fille eut ainsi entendu parler son père, elle se retira, quoiqu'elle sût bien comment la chose était arrivée. La maîtresse la suivit, à cause de la grande peur que les paroles de l'empereur lui causaient. Rien ne fut donc connu jusqu'à ce que le sénéchal, ayant rassemblé des forces plus considérables, vint derechef assiéger Rome. Et, de fait, il eût écrasé les Romains sans le chevalier qui les avait secourus autrefois, et qui vint encore les secourir par le commandement de l'ange. Il se comporta si vaillamment qu'il battit tous les Sarrasins. Il n'y avait homme si hardi qui osât l'attendre. Tous ses ennemis, il les menait devant lui comme

---

1. Une âme simple.

un loup fait un troupeau de brebis. Tout le monde en était ébahi, car il frappait sur cette canaille comme le boucher sur la chair de boucherie, et nul n'échappait. Chacun des gens de l'empereur prenait garde à ce chevalier; mais, quand la bataille fut finie, nul ne put dire ce que ce chevalier devint, hormis la fille de l'empereur, qui vit Robert s'armer et se désarmer comme la première fois; mais elle garda le secret.

XXIV

Comment Robert gagna la troisième bataille, où tous les Sarrasins furent tués.

Peu de temps après l'armée des Sarrasins revint, avec une plus grande puissance, devant la cité de Rome. Mal leur en prit, car ils y demeurèrent tous, grâce à Robert.

Avant que l'empereur allât les combattre, il manda ses chevaliers et leur ordonna, si le chevalier blanc revenait, de faire tout leur possible pour le prendre, afin qu'il sût de quelle nation il était. Les chevaliers répondirent qu'ils le feraient.

Quand la journée fut venue, grand nombre des meilleurs chevaliers de l'empereur s'en allèrent en un bois, en embuscade, pour essayer de prendre le chevalier blanc; mais ils perdirent leur peine, car ils ne purent savoir d'où il venait. Quand ils le virent batailler, ils sortirent tous du bois ; là

vous eussiez vu de grands coups se donner, harnais reluire, trompettes et clairons sonner pour épouvanter les Sarrasins, et lances se rompre, et gens et chevaux tomber; c'était plaisir à voir cette fête. Robert, qui était venu sur son cheval blanc et avec ses blanches armes, se mit au plus fort de la mêlée, et nul, si hardi qu'il fût, n'osait l'attendre, à cause des grands coups qu'il donnait, car il frappait d'estoc et de taille[1], et ne perdait pas un coup. A l'un il rompait la tête, à l'autre les reins : tous demeurèrent morts.

Les Romains se ralliaient autour de lui et prenaient courage. De la grande joie qu'ils avaient de voir Robert ainsi besogner contre cette canaille, la force leur croissait tellement, qu'avec son aide tous les Sarrasins furent occis : de quoi on eut grande joie en la cité de Rome.

XXV

Comment un des chevaliers de l'empereur mit un fer de lance dans la cuisse de Robert.

Quand la journée fut passée et la bataille gagnée, chacun s'en retourna à son hôtel, et Robert voulut aller vers la fontaine du verger pour quitter ses armes, comme il avait déjà fait deux fois ; mais les chevaliers qui s'étaient remis en embuscade dans le bois sortirent tous ensemble, disant : « Sei-

1. De la pointe et du tranchant.

gneur chevalier, parlez-nous, s'il vous plaît. Qui êtes-vous? et de quel pays, de quelle contrée? »

Quand Robert les ouït parler, il fut tout ébahi, et se mit à piquer son cheval, à courir et à fuir, afin de n'être pas connu; et il fit tant qu'il échappa à ces chevaliers, et que nul ne put savoir ce qu'il devint, hors un, lequel le suivit de fort près, tenant une grande lance en main, de laquelle il le frappa à la cuisse; et le fer y resta. Toutefois Robert disparut, et, arrivé à la fontaine, quitta ses armes et les mit sur son cheval. Tout disparut, et il ne sut ce qu'était devenu le cheval avec les armes; mais il demeura blessé de la lance, dont il sentait grande douleur. Il tira lui-même le fer de la cuisse et le cacha entre deux pierres de la fontaine. Il ne savait où aller pour panser sa plaie, de peur d'être reconnu; il la pansa lui-même, prenant de l'herbe et la plaçant dessus, après quoi il ramassa de la mousse et en fit un bandage, afin que l'air n'entrât point dans la plaie. La fille de l'empereur, qui était à la fenêtre, voyant tout cela, n'eut garde de n'y pas faire attention, et elle commença aussi à aimer Robert.

Cependant personne ne savait qui était le chevalier aux armes blanches.

Quand Robert eut pansé sa plaie, il vint à la cour pour avoir à souper; mais il clochait fort pour le coup qu'il avait reçu, et cela paraissait, quelque soin qu'il eût de clocher le moins possible. Bientôt après arriva le chevalier qui avait blessé Robert, lequel raconta à l'empereur comment le chevalier lui avait échappé et comment il l'avait blessé. Il dit : « Je crois que ce n'est qu'un esprit et qu'il n'a pas de corps, car il n'a dit mot et ne m'a pas voulu répondre. En tout cas, je prie Dieu qu'il se rétablisse, car il était fort blessé. Mais, sire, voici ce que vous ferez si vous me voulez croire, et si vous voulez savoir qui est le chevalier aux armes blanches : c'est que vous fassiez crier par toutes les villes, cités et châteaux, que, s'il y a un chevalier qui ait armes blanches et cheval blanc, ce chevalier doit venir vers vous et apporter le fer de la lance dont il a été blessé à la cuisse et montrer sa plaie. Promettez-lui votre fille pour femme, et, après vous, la moitié de votre empire. »

Quand l'empereur entendit ainsi parler le chevalier, il fut joyeux et dit qu'il avait sagement parlé; et aussitôt il fit publier par tout son empire ce que ce chevalier avait conseillé.

XXVI

Comment le sénéchal se mit un fer dans la cuisse pour avoir la fille de l'empereur.

Les criées faites et publiées vinrent à la connaissance du traître sénéchal, qui aimait tant la fille de l'empereur, et qui ne pouvait l'avoir, à cause de sa trop grande outrecuidance. Après qu'il eut ainsi entendu les criées, il s'avisa d'une fort grande malice qui lui tourna depuis à déshonneur. Il fit chercher un cheval blanc, une lance et des armes blanches, et se mit un fer de lance dans la cuisse avec grande douleur et angoisse. Mais pour parvenir à être empereur il endura patiemment ce mal, et aussi pour avoir celle qu'il aimait. Hélas, c'est mal fait à ceux qui veulent maintenir pendant toute leur vie leurs folles amours! car, à la fin, douleur et honte en viennent.

Après cela, le sénéchal fit armer tous ses gens pour l'accompagner, et il arriva à Rome en grand triomphe. Il était bel homme, grand et puissant; mais il était si fier et si orgueilleux, qu'il n'avait pas son pareil au monde.

Aussitôt entré dans Rome, il se montra à l'empereur, en lui disant : « Je suis celui qui vous a si vaillamment trois fois secouru et qui a fait mourir tant de gens pour l'amour de vous. »

L'empereur, qui ne pensait pas à la trahison, répondit : « Vous êtes un bon et hardi chevalier; mais j'eusse bien parié le contraire, car on vous tient pour un couard. »

Le sénéchal dit avec colère : « Sire, ne vous en étonnez pas, car je n'ai pas le cœur si lâche qu'on croit. »

Et, disant ces mots, il tenait un fer de lance qu'il montra à l'empereur, puis il découvrit sa plaie à la cuisse. Le chevalier qui avait blessé Robert était là présent; quand il vit le fer du sénéchal, il se mit à sourire, car il voyait bien que ce n'était pas le fer de sa lance. Toutefois, de peur d'engager une querelle, il ne dit mot.

XXVII

Comment la fille de l'empereur commença à parler.

Et quand l'empereur et ses nobles barons qui étaient assemblés furent à l'église, où le sénéchal devait épouser la fille de l'empereur qui n'avait jamais parlé, Dieu fit un beau miracle pour soutenir le sage Robert, duquel on ne tenait compte. Alors que le prêtre voulait commencer le service pour marier la jeune fille au sénéchal, celle-ci, par la grâce de Dieu, parla tout à coup et dit à son père : « Vous êtes bien simple de croire cet orgueilleux, car tout ce qu'il dit n'est que mensonge. Il y a ici un homme saint et digne ; c'est pour que je rende hommage à son mérite que Dieu m'a rendu la parole ; je lui en aurai reconnaissance. Aussi bien, il y a longtemps que je connais les grandes qualités qui sont en lui ; et toutefois jamais on n'en a voulu croire les signes que j'ai faits. »

Quand l'empereur ouït ainsi parler sa fille, qui n'avait jamais parlé, il fut ravi et reconnut bien vite la trahison du sénéchal, qui s'enfuit tout honteux.

Le pape, qui était là, demanda à la fille de l'empereur qui était celui duquel elle parlait. Alors elle mena le pape et l'empereur son père à la fontaine ; elle chercha et trouva les deux pierres sous lesquelles Robert avait caché le fer de la lance. Puis elle dit au pape : « Encore il y a autre chose ; par trois fois, ici, a été armé celui qui trois fois nous a secourus et délivrés de nos ennemis ; j'ai vu trois fois son cheval et ses armes ; trois fois je l'ai vu s'armer et se désarmer ; mais je ne saurais dire où le chevalier allait, ni d'où il venait, ni qui lui donnait un harnais et des armes. Tout ce que je dis là est la vérité pure, et c'était cela que j'indiquais par mes signes. »

Puis se retournant vers l'empereur : « C'est lui qui a bien gardé et vaillamment défendu votre honneur : il est donc juste que vous le récompensiez, et, s'il vous plaît, nous irons lui parler. »

Alors le pape, l'empereur et sa fille avec les barons allèrent vers Robert, qu'ils trouvèrent couché au lit des chiens. Tous ensemble le saluèrent. Robert ne répondit rien.

XXVIII

Comment l'ermite trouva Robert, auquel il commanda de parler et dit que sa pénitence était accomplie.

L'empereur lui dit : « Viens : mon ami, montre-moi ta cuisse ; je veux la voir. »

Robert comprit, mais il faisait semblant de n'entendre point ; il prit une paille et commença à la rompre entre ses mains, comme par moquerie, en pleurant. Et il fit maintes folies pour faire rire le pape et l'empereur, et aussi maints ébattements pour les faire parler et leur faire dire quelque chose nouvelle. L'empereur insistant lui dit : « Je te commande, je te conjure, si tu as puissance de parler, de nous répondre. »

Mais Robert se leva en contrefaisant le fou, et, en faisant cela, il regarda derrière lui à cause d'un bruit qu'il entendait. C'était l'ermite auquel il s'était confessé. L'ermite lui dit : « Mon ami, entendez-moi ; je sais bien que vous êtes Robert, lequel se nommait le Diable ; vous êtes maintenant agréable à Dieu. C'est par vous que cette contrée a été délivrée des Sarrasins ; aussi, de la part de Dieu, je vous ordonne de parler et de ne plus faire le fou ; c'est ainsi le plaisir de Dieu. Il vous a pardonné et remis tous vos péchés après pénitence suffisante. »

Aussitôt Robert se mit humblement à genoux et leva les mains au ciel, en disant : « Souverain roi des cieux, puisqu'il vous a plu de me pardonner mes offenses, soyez loué, honoré et béni. »

Quand la fille de l'empereur et tous ceux qui étaient là présents entendirent le beau langage de Robert, ils furent tous émerveillés. Il leur sembla si beau, si doux et si gracieux d'esprit et de corps, que c'était chose merveilleuse. L'empereur, sur-le-champ, voulut lui donner sa fille ; mais l'ermite n'y voulut pas consentir, et force fut que chacun se retirât chez soi.

XXIX

Comment Robert revint à Rome pour épouser la fille
de l'empereur.

Après que Robert eut obtenu le pardon de ses

péchés et qu'il s'en fut allé hors de Rome, Dieu lui fit annoncer par trois fois par son ange qu'il eût à y rentrer, afin d'épouser la fille de l'empereur.

Robert obéit, rentra dans Rome et épousa la fille de l'empereur en grand triomphe. Il y eut honorable et belle assemblée ; tous témoignaient une grande joie à la fête ; nul ne pouvait se rassasier de regarder Robert ; ils disaient : « Par lui nous sommes hors des mains de nos ennemis. » La fête dura quinze grands jours ; après qu'elle fut passée, Robert voulut retourner en Normandie pour visiter son père et sa mère ; il demanda congé à l'empereur, lequel lui donna des gens pour l'accompagner et de beaux et riches dons en or, argent et pierres précieuses.

Robert et sa femme arrivèrent à Rouen, où ils furent reçus avec une joie bien vive : car les Normands étaient en grand découragement de ce que le duc, père de Robert, était mort, et de ce qu'ils étaient ainsi restés sans seigneur. Robert conta à sa mère toutes ses aventures, et la duchesse pleurait des peines et des tourments que son enfant avait soufferts.

XXX

Comment un messager arriva devant le duc Robert et lui a⟨nnonça⟩ que l'empereur lui mandait de venir le secourir contre le sénéchal.

Cependant il arriva un messager que l'empereur envoyait à Robert. Le messager vint saluer le duc et lui dit : « Seigneur, l'empereur m'a envoyé, et vous prie de le venir secourir contre le sénéchal, qui s'est révolté. »

Robert fut affligé de cette nouvelle. Il assembla les plus vaillants chevaliers de Normandie et se mit en chemin. Lorsqu'il arriva, le sénéchal tenait déjà le trône en sa puissance. « Traître, dit Robert, tu n'échapperas pas. Défends ta vie, puisque tu as mis à mort l'empereur ton maître. » Et, disant ces mots, il serra les dents et vint courant contre le sénéchal. Il lui donna un si grand coup sur son casque qu'il le rompit et lui fendit la tête jusqu'aux mâchoires. Le traître sénéchal tomba mort sur la place. Robert le fit jeter à la rivière.

XXXI

Comment, après que le duc Robert eut mis à mort le sénéchal, il s'en retourna en Normandie.

Quand Robert eut fait jeter à l'eau le sénéchal et

mis en paix les Romains, il s'en retourna à Rouen avec sa compagnie; il y trouva sa mère et sa femme, qui éprouva une grande douleur quand elle sut que l'empereur était mort ainsi par le fait du traître sénéchal. La duchesse, mère de Robert, la consolait et cherchait à lui donner toutes les distractions qu'elle pouvait imaginer.

Pour mettre fin à cette histoire, nous laisserons le deuil de la jeune duchesse et parlerons encore un peu de Robert, lequel, en sa jeunesse, fut si pervers, si mauvais et si enclin à tous les vices, que c'était un prodige de malice. Depuis il fut comme un homme sauvage, sans parler, comme une bête; ensuite, reprenant son rang et comblé d'honneurs, il vécut longuement et saintement avec sa femme et en bonne renommée. Il eut d'elle un beau fils nommé Richard [1], qui fit avec l'empereur Charlemagne plusieurs grandes prouesses, et aida à accroître et exalter la foi chrétienne.

Cette histoire apprend qu'il ne faut
Désespérer jamais de faire pénitence;
Il n'est défaut,
Il n'est offense,
Il n'est crime cruel qu'on ne puisse oublier :
Le tout est de s'humilier.

---

[1]. Richard est le héros du conte qui a pour titre : *Richard sans Peur*.

JEAN DE PARIS

JEAN DE PARIS.

La première édition du joli roman de *Jehan de Paris* paraît être celle qui fut publiée par Chaussard, in-4° gothique, en 1554.

Il y avait sept ans que le roi François Ier était mort, et l'histoire romanesque de Jean de Paris, roi de France, « lequel fict de grandes prouesses, » n'était rien autre chose qu'une allusion enjouée, piquante et assez fière, aux luttes incessantes que le vainqueur de Marignan, le vaincu de Pavie, avait eu à soutenir contre les divers princes de l'Europe et particulièrement contre le roi d'Angleterre Henri VIII et contre Charles-Quint, empereur d'Allemagne et roi d'Espagne, comte de Flandre, duc de Milan, souverain de Naples et des Indes.

On aurait tort de croire que la suprématie des monarques français sur les autres rois d'Europe date seulement de Louis XIV. Dès Philippe Auguste, dès saint Louis, et même auparavant, les chefs de la nation française étaient ceux sur lesquels l'Europe attachait le plus respectueusement ses regards, et les empereurs d'Allemagne, les princes de Castille ou les souverains de l'Angleterre étaient loin, même aux plus mauvais temps de l'histoire de France, d'exercer sur l'imagination des peuples une influence semblable à celle de nos rois. Particulièrement au seizième siècle, et en dépit des grands progrès accomplis par la monarchie espagnole, on regardait le roi de France comme le roi par excellence. C'était Charles VII, qui avait reconquis son royaume aidé d'un ange; c'était Louis XI, qui avait si opiniâtrément défendu son autorité royale et qui avait vu périr Charles le Téméraire; c'était encore Charles VIII, le conquérant de Naples ; c'était surtout le roi chevaleresque, le roi des fêtes, l'ami des draps riches, des pierreries, des ciselures, des tableaux, des statues, des châteaux élégants et des grands parcs, le pompeux François Ier, ce magnifique et voluptueux seigneur, dont les gens d'alors ne voyaient que les qualités, et auquel ils pardonnaient ses défauts en pitié de ses infortunes.

Il n'y a pas dans toute la Bibliothèque bleue une œuvre plus française. Le sentiment national y éclate à chaque page. Voilà le héros qui, en luttant corps à corps, renversa sur le sol le gros Henri VIII, dans les jours de fête du *Camp du drap d'or ;* voilà celui qui fit plus d'une fois peur à Charles-Quint et qui, en dépit de ses défaites, ne cessa de lui résister.

On ignore le nom de l'écrivain qui a rédigé cette gracieuse et spirituelle légende. Ce Jean de Paris est un personnage bien aimable, en qui se confondent Philippe le Hardi, Jean, le père de Charles V, et François Ier. C'est le portrait du roi de France tel que la France aimait que fût son roi. Nous n'avons pas eu beaucoup de retouches à y faire.

JEAN DE PARIS.

I

Comment le roi d'Espagne se vint jeter aux pieds du roi de France pour lui demander secours:

Il y eut jadis un roi de France sage et vaillant qui avait un fils âgé de trois ans, nommé Jean; ce roi était à Paris avec sa noblesse, car en ce temps-là on ne parlait point de guerre en France. Un jour qu'il se trouvait dans son palais, le roi d'Espagne vint se prosterner à ses pieds en versant des pleurs et poussant des gémissements. Ce que voyant, le roi de France lui dit : « Beau frère et ami, modérez votre douleur jusqu'à ce que nous en sachions la cause ; car nous vous aiderons, si nous la connaissons, de tout notre pouvoir.

— Sire, dit le roi d'Espagne, je vous remercie humblement de l'offre qu'il vous plaît de me faire, parce que, vous et vos prédécesseurs, vous êtes les défenseurs de toute royauté, de toute noblesse et de toute justice. Je suis venu à vous pour vous dire mon infortune. Sachez, sire, qu'à tort et sans raison, à cause d'un nouveau tribut que j'avais mis en mon royaume pour éviter la dangereuse entreprise que le roi de Grenade, infidèle à notre sainte loi, avait faite contre mon trône, on a excité le peuple contre moi, si bien qu'ils m'ont voulu faire mourir, et il m'a fallu m'en tirer du mieux que j'ai pu. Ils tiennent la reine ma femme, et une petite fille de trois ans, assiégées dans une de nos villes nommée Ségovie[1] ; et ils ont décidé de les faire mourir pour avoir mon royaume. »

En disant cela, il se pâmait aux pieds du roi de France, lequel le fit bientôt relever et lui parla en cette manière : « Frère, ne veuillez pas affliger

1. Ville de la Vieille-Castille où il y avait de nombreuses fabriques de drap, célèbres au moyen âge, et qui était presque toujours le centre des mouvements populaires.

votre cœur, mais prenez courage comme il convient; car je vous promets que demain matin j'enverrai des lettres aux barons et au peuple de votre royaume; et, s'ils ne veulent m'obéir, j'irai moi-même et je les mettrai à la raison. »

Quand le roi d'Espagne entendit cette promesse, il fut bien joyeux, et il dit au roi qu'il le remerciait d'un secours si généreusement offert. Et de cette offre, j'en réponds, furent bien joyeux aussi les barons de France; car ils avaient beau désir de se distinguer par des faits d'armes, vu qu'il y avait longtemps qu'on n'avait vu de guerre en France. Tout ce jour, le roi d'Espagne fut bien fêté; il ne fut parlé que de faire bonne chère, et les barons et gentilshommes français se mirent à faire des joutes pour réjouir l'hôte de leur roi.

II

Comment le roi de France écrivit aux barons d'Espagne qu'ils eussent à réparer le tort qu'ils avaient fait à leur roi.

Le lendemain matin, le roi fit écrire une lettre comme il suit; et en la marge était écrit : DE PAR LE ROI, et le contenu de la lettre était tel : « Très-chers et bien-aimés barons, nous avons reçu la plainte de notre frère le roi d'Espagne, votre naturel seigneur, comme quoi vous l'avez à tort chassé de son royaume; et, qui plus est, comme quoi vous tenez assiégée notre sœur, sa femme, et vous vous êtes rendus coupables d'autres méchancetés envers votre roi, ce qui est de mauvais exemple. A cause de cela, nous voulons savoir la vérité, afin de donner satisfaction en bonne justice; car nous avons mis votre roi en bonne sauvegarde, lui, sa famille et tous ses biens : vous mandant que sans délai vous leviez le siége de Ségovie et laissiez la reine, votre honorée dame, et lui soyez obéissants comme vous l'étiez; et envoyiez quarante des principaux d'entre vous, avec la compagnie qu'il vous semblera bon de choisir, pour me dire les causes qui vous ont déterminés à agir ainsi et m'en donner raison comme il appartiendra; vous notifiant, nous, que si vous y manquez, nous irons en personne et en tirerons punition telle qu'il en sera toujours gardé mémoire. Fait à Paris, le premier jour de mars. » Et au-dessus desdites lettres était écrit : *Aux barons et au peuple d'Espagne.*

Aussitôt le roi fit partir un messager auquel furent données les lettres, et il lui commanda de faire diligence.

III

Comment le héraut de France apporta la réponse que lui avaient faite les barons d'Espagne.

Quand le héraut fut de retour à Paris, il s'en alla descendre au palais, puis il entra dans la chambre où était le roi, auquel il dit : « Sire, qu'il vous plaise savoir que je viens de Ségovie, où j'ai trouvé le peuple qui tient la reine assiégée. J'ai présenté vos lettres aux barons et aux capitaines de l'armée, qui se sont assemblés et les ont fait lire par un de leurs officiers; après quoi, ils m'envoyèrent querir, me firent réponse de bouche, disant qu'ils s'étonnaient de ce que vous preniez souci d'une chose qui en rien ne vous touche, et que vous ne vous mettiez pas en peine de les venir chercher : car, malgré vos lettres et toutes vos menaces, ils ne laisseront pas de mettre fin à leur entreprise, vu qu'ils n'ont rien à faire avec vous. Je les requis de me donner réponse écrite; mais ils me répondirent que je n'en recevrais point, et que j'eusse à quitter le pays en six heures. Quand je vis que je ne pouvais faire autre chose, je partis promptement. Il me semble, au surplus, que la ville est assez forte pour tenir longtemps, et même elle est bien pourvue de vivres. »

Quand le roi entendit la réponse, il fut bien mécontent, et non sans cause; mais les barons de France en étaient fort joyeux, car ils désiraient que le roi y allât en armes, comme il fit. Il manda ses barons, capitaines et chefs de guerre, et, à la fin de mai, les rois de France et d'Espagne partirent de Paris avec quarante mille combattants, et vinrent passer à Bordeaux, d'où ils allèrent à Bayonne[1].

IV

Comment le roi de France arriva en Espagne et ne trouva personne sur son chemin, si ce n'est le gouverneur, lequel s'enfuit aussitôt.

Quand le roi fut près de l'Espagne, il fit mettre ses gens en ordre et donna la conduite de l'armée au roi d'Espagne; ils entrèrent dans le pays toujour serrés et rangés en bon ordre, et ils ne trouvèrent aucune aventure digne de mémoire, avant d'avoir cheminé jusqu'au cœur du pays d'Espagne, où ils rencontrèrent le gouverneur avec cinquante mille combattants assez mal accoutrés. Quand ils virent les Français si bien rangés, le gouverneur et ses gens reculèrent un peu, et un peu plus encore,

---

1. Bordeaux, chef-lieu du département de la Gironde, grand port marchand. — Bayonne, sous-préfecture du département des Basses-Pyrénées, port de mer.

et à la fin ne furent plus aperçus. Les Français n'en tinrent pas grand compte et marchèrent pour faire lever le siége de Ségovie, s'il n'était déjà levé. Burgos[1], chemin faisant, leur fut ouverte; c'est une des bonnes cités du pays. Le roi la reçut à merci, parce qu'elle avait obéi vite.

V

Comment les ambassadeurs des barons d'Espagne vinrent vers le roi de France.

Quand le roi de France et celui d'Espagne eurent séjourné huit jours en la ville de Burgos, ils se remirent en route. Une partie des villes qui étaient en rébellion ouverte furent prises ensuite et remises en obéissance par le roi de France, qui les punissait, et même faisait périr les rebelles, et pardonnait aux autres, tellement que bientôt, de toutes les villes, on apporta les clefs au roi très-humblement. Huit jours après ils arrivaient devant Ségovie; en chemin, ils trouvèrent les messagers des barons d'Espagne, qui venaient vers le roi pour traiter de la paix, tout en se plaignant du roi d'Espagne. Mais, en fin de compte, le roi de France, qui était sage, vit leur malice et leur dit

1. Ville considérable de la Vieille-Castille, entre Ségovie et les Pyrénées.

qu'ils eussent à se mettre, s'ils le voulaient, en état de défense; car jamais il ne les recevrait à merci, jusqu'à ce qu'il eût vu les nobles se venir mettre à genoux devant le roi et lui demander pardon, et le peuple en chemise; et encore il dit qu'il voulait avoir cinquante des plus coupables pour les punir à son gré.

VI

Comment les ambassadeurs des barons d'Espagne rapportèrent la réponse du roi de France et comment le peuple vint vers lui en chemise, criant merci.

Ceux qui étaient venus en ambassade furent consternés, et non pas sans raison; voyant qu'ils ne pouvaient résister à la puissance de France, et que déjà les deux tiers du pays étaient en la main du roi, ils firent tant qu'ils obtinrent dix jours de répit pour aller annoncer ces nouvelles à ceux qui les avaient envoyés; et, quand ils furent allés vers eux et eurent fait leur rapport, les barons furent si étonnés et tous si abattus, que le plus hardi ne savait que dire.

Il faut savoir que le peuple n'était pas d'accord avec les grands; ceux-ci, voyant qu'ils ne pouvaient résister, vinrent se mettre à la merci du roi, comme les ambassadeurs le leur avaient conseillé. Le roi les reçut, s'informa des principaux perturbateurs, et trouva que quatre des plus grands personnages de l'Espagne avaient tout machiné pour parvenir à gouverner à leur volonté. Ces gens furent pris, et aussi cinquante complices, que le roi fit mener devant la reine, laquelle vint¹ au-devant du roi et de son mari. Quand elle fut arrivée, elle se mit à genoux et ne voulut point se relever jusqu'à ce que le roi descendît de cheval ; il la releva alors en l'embrassant avec tendresse.

Et la reine, qui était une sage princesse, dit : « Très-haut et très-puissant roi, puisque vous avez délivré votre pauvre captive avec tant de générosité, je prie Dieu qu'il me fasse la faveur de vous être reconnaissante.

— Belle sœur, dit le roi de France, ne parlons plus de rien et réjouissons-nous seulement ; allez voir votre mari qui est ici près.

— Sire, dit-elle, quand je vous vois, je vois tout, et je ne veux pas vous quitter jusqu'à la ville. »

Quand le roi vit la grande humilité de cette dame, il la fit monter à cheval et la mena avec lui vers le roi son mari, qui fit fête à sa venue. Puis ils s'en allèrent en parlant de plusieurs choses jusqu'à Ségovie, qui fut toute tendue de tapisseries ; et le roi de France fut reçu avec grand honneur et en triomphe, ce dont lui et ses barons et tous ses soldats se trouvèrent charmés. Jamais ils n'avaient vu telle gloire.

VII

Comment le noble et puissant roi de France entra en la ville de Ségovie avec le roi et la reine d'Espagne, et avec plusieurs prisonniers qu'il menait à sa suite pour en faire telle punition qu'il appartiendrait.

Cette fête dura quinze jours. Cependant le roi de France ne laissa pas de faire justice de ceux qui avaient commencé la sédition : il fit dresser un échafaud au milieu de la ville, et fit décapiter devant tout le peuple les quatre principaux coupables. Puis il envoya en chacune des autres villes, pour leur ordonner d'obéir à leur roi mieux qu'elles n'avaient fait. Ainsi il remit le roi d'Espagne sur son trône, et ce roi fut obéi et plus craint que jamais. Puis le roi de France s'en retourna en son pays.

VIII

Comment le roi d'Espagne et la reine sa femme, voyant que le roi de France s'en voulait retourner, vinrent s'agenouiller devant lui, le remerciant du service qu'il leur avait rendu et lui recommandant leur fille.

Quand le roi et la reine d'Espagne virent que le roi s'en retournait, ils ne surent en quelle manière le remercier du bien et de l'honneur qu'il leur avait faits, et ils se jetèrent à ses pieds, disant : « Très-puissant roi, nous savons bien que vous ne pouvez longuement demeurer ici, à cause des affaires de votre royaume, et il ne nous est pas possible de vous récompenser. Toutefois, sire, nous ferons ce qui sera en notre pouvoir, vous priant que vous mettiez sur nous et sur nos successeurs tel tribut qu'il vous plaira de mettre ; car nous voulons dorénavant tenir notre royaume de vous, comme de bons et loyaux sujets. »

Quand le roi entendit ces paroles, il eut pitié d'eux et leur dit en les relevant : « Amis, croyez que ce n'est pas l'envie d'acquérir des terres qui m'a fait venir en votre royaume, mais seulement la ferme volonté de conserver la justice et de sauver l'honneur des princes; ainsi, je vous prie qu'il ne soit plus parlé de ces choses, et ne pensez qu'à maintenir vos sujets dans le devoir et dans la crainte de Dieu. Par ce moyen, et non autrement, vous vivrez en prospérité, et si quelque chose de mal vous arrive, faites-le moi savoir, et sans faute je vous secourrai. »

Quand ils virent le bel amour que le roi de France avait pour eux, la reine prit sa fille, qui avait un peu plus de trois ans, entre ses bras : « Sire, dit-elle, puisque aussi bien nous avons mis toute notre espérance en vous, nous désirons que cette pauvre fille que vous voyez entre mes bras vous soit recommandée ; car nous sommes hors d'espérance d'avoir d'autres enfants. Si Dieu lui fait la grâce de vivre jusqu'à ce qu'elle soit en âge d'être mariée, vous aurez pour agréable de la pourvoir comme il vous plaira, et, après nous, vous lui don-

nerez le gouvernement de ce pays, que vous protégerez et gouvernerez pour elle. »

Quand le roi de France vit cette grande humilité, il sentit son cœur attendri, et ayant des larmes dans les yeux, il répondit en cette manière : « Amis, je vous remercie de la grande affection que vous avez pour moi ; sachez que votre fille n'est pas une filleule à refuser. Si Dieu donne à mon fils d'arriver en âge d'homme, je serai fort joyeux qu'ils soient unis, et si je vis jusque-là, je vous promets bien que mon fils n'aura point une autre femme.

— Sire, ne pensez pas, dit-elle, que monseigneur mon mari et moi nous soyons assez présomptueux pour avoir songé qu'elle pourrait être un jour l'épouse de votre fils ; seulement donnez-la à quelqu'un de vos barons, car ce serait trop d'honneur pour nous que de la marier à votre fils, et nous ne l'avons pas mérité.

— Certes, dit le roi, ce qui est dit est dit, et, s'il plaît à Dieu que nous vivions, il en sera parlé plus amplement. Maintenant, nous ne pouvons faire autre chose que prendre congé de vous.

— Vraiment, si vous le voulez bien, dit-elle alors, mon mari et moi, avec tous nos barons, nous vous conduirons jusqu'à Paris ; car j'ai très-grand désir de voir la reine de France. »

Le roi reprit : « Mes amis, vous ne pouvez venir ; car votre peuple, qui vient à peine de rentrer dans le devoir, pourrait profiter de votre absence pour se révolter de nouveau ; tous les coupables ne sont pas morts, et ceux qui restent pourraient entreprendre contre vous quelque mauvaise conspiration. Pour cette raison je vous conseille de demeurer ici et de les tenir en bonne paix, tout en étant sur vos gardes. Et craignez Dieu, amis, et servez-le avant tout; vous vous en trouverez bien, car sans sa grâce vous ne pouvez rien avoir d'assuré. Je vous recommande aussi l'état de notre mère la sainte Église, et les pauvres, qui sont les membres de Jésus-Christ; et aussi gardez bien qu'ils ne soient opprimés ni foulés; Dieu vous aidera. »

Après ces remontrances que le roi leur fit en présence de plusieurs seigneurs, barons et chevaliers, tant de Ségovie que du reste de l'Espagne, ils prirent congé les uns des autres avec beaucoup de chagrin.

IX

Comment le roi de France, après qu'il eut pris congé du roi d'Espagne et de la reine, revint en son royaume.

Et enfin, pour abréger, le roi partit d'Espagne; ceux du pays l'accompagnèrent quelque temps, et le roi d'Espagne fit de riches dons au roi et aux barons de France, tellement qu'il n'y en eut pas un de l'armée qui n'en fût content, comme s'il était revenu d'une conquête. Ils retournèrent vite à Paris, où ils furent honorablement reçus; la fête du retour dura dix grandes journées, puis chacun s'en alla revoir sa maison.

X

Comment le roi de France mourut, quelques années après son retour d'Espagne.

Au bout de quatre ou cinq ans, le roi de France devint malade, et à la fin mourut; ce qui causa un grand deuil par tout le pays, et affligea particulièrement la reine. On porta le corps du roi à Saint-Denis[1], où étaient aussi ceux des autres rois de France. Les obsèques faites, la reine prit le gouvernement du royaume et le maintint en paix.

XI

Comment le roi d'Espagne eut des nouvelles certaines que le roi de France était mort et ordonna un grand deuil.

Les nouvelles arrivèrent bientôt en Espagne que le roi de France était mort; ce dont le roi et la reine et les barons menèrent grand deuil. Il n'y eut couvent ou église où on ne fit des obsèques, et le roi et la reine se vêtirent de noir pour un an. Néanmoins il n'y a deuil (et Dieu a fait cela pour

---

1. Saint-Denis près Paris. Il y a une église fameuse qui a dû à Dagobert sa première illustration, et qui depuis a été adoptée pour le lieu de sépulture des rois de France.

le bien) qui au bout de quelque temps ne se passe, quand les gens sont loin les uns des autres.

Le roi et la reine d'Espagne firent élever leur fille honnêtement, lui faisant donner des leçons par les meilleurs maîtres et l'ayant instruite à parler toutes les langues, si bien qu'on n'aurait pu trouver dans tout le royaume une fille plus belle, plus sage et plus gracieuse. Le père et la mère devinrent vieux et leur fille gagna ses quinze ans. Alors ils pensèrent entre eux qu'il était temps de la marier à quelqu'un qui, après eux, conduisît le royaume. Ils faisaient donc demander par tout pays s'il était un mari convenable pour leur fille, ayant de tout point oublié la promesse qu'ils avaient faite au roi de France, si bien que les nouvelles des recherches qu'ils faisaient vinrent au roi d'Angleterre, qui pour lors était veuf. Il songea à envoyer un ambassadeur en Espagne.

XII

Comment le roi d'Angleterre prit pour fiancée la fille du roi d'Espagne, appelée Louise-Herminie, par procureur.

Quand le roi d'Angleterre eut ouï parler de cette fille qui était si belle et si bien élevée, il se décida tout de suite à la faire demander. Il envoya donc une compagnie de chevaliers en ambassade pour demander la princesse en mariage et lui faire de riches présents. Le roi et la reine d'Espagne furent joyeusement surpris et donnèrent bonne réponse à la demande. Ensuite les fiançailles furent faites par procureur, et Louise-Herminie fut épousée, au nom du roi, par le comte de Lancastre [1]. Huit jours après les fiançailles, les envoyés retournèrent vers leur maître.

XIII

Comment les ambassadeurs portèrent à leur maître la nouvelle de ce qu'ils avaient fait avec le roi d'Espagne.

Les ambassadeurs furent reçus avec honneur par le roi d'Angleterre, qui les interrogea sur le mariage. Le comte de Lancastre raconta ce qu'ils avaient fait après leur arrivée en Espagne, comment ils avaient parlé au roi et à la reine, qui étaient bien aises de cette union, et comment lui-même, après avoir épousé la princesse comme procureur, avait fixé à quatre mois de là l'époque de la noce. Le roi en fut si joyeux qu'il fit crier par tout Londres qu'on eût à faire fête l'espace de huit jours et qu'on se régalât de bonne chère, de bière d'É-

---

1. La famille de Lancastre a joué un grand rôle dans l'histoire d'Angleterre. Le comté de Lancastre est un des comtés du nord, du côté de la mer d'Irlande.

cosse et de jambons fumés. Cependant le roi fit faire de grands préparatifs pour épouser celle qui avait son cœur. Ne trouvant pas assez de drap d'or en son pays, il résolut de passer à Paris pour s'en fournir abondamment. Il partit donc et alla à Paris en fort bonne compagnie; car en ce temps-là on ne parlait pas de guerre entre l'Angleterre et la France. Il vint d'abord descendre en Normandie avec quatre cents chevaux harnachés à la mode du pays anglais; et cette bande fit si bien qu'on arriva à Paris, où était le jeune roi de France, âgé de dix-neuf à vingt ans, avec sa mère qui tenait le royaume en bonne paix.

XIV

Comment la reine de France envoya au-devant du roi d'Angleterre les plus grands de ses barons et les principaux des bourgeois de la ville de Paris.

Quand la reine de France apprit la venue du roi d'Angleterre, elle envoya vers lui les barons et les bourgeois de la ville de Paris en bonne ordonnance. Le jeune roi de France n'était pas alors à Paris; la reine s'y trouva donc seule à l'arrivée de la cour anglaise, et, pendant le souper de bienvenue, le roi d'Angleterre déclara la cause de son voyage et ne parla que de la beauté de sa future femme.

Après souper, les joueurs d'instruments vinrent et commencèrent à danser. Le roi anglais désirait bien voir le jeune roi de France ; néanmoins, après avoir joyeusement passé le temps, il se retira, et ses gens furent charmés de l'honneur que la reine leur avait fait.

Lorsque le jeune roi revint, il commença à louer grandement la reine du bon traitement qu'elle leur avait fait ; mais, quant à la reine, il lui était revenu le souvenir des paroles que le feu roi son mari avait dites quand il revint d'Espagne, et comme quoi il avait accepté pour son fils la fille du roi d'Espagne. Elle lui en parla donc. Il fut ému, et prenant sur-le-champ résolution de l'avoir pour femme, il dit : « Pour que le roi d'Angleterre ne sache pas notre dessein, qui est juste, et pour qu'il ne me prévienne pas, je le suivrai et changerai mon nom; et je ferai aussi aller une armée à moi par une autre route, lui donnant, sans qu'il y paraisse, des ordres et des nouvelles. Quand je serai par delà les monts, je verrai ce qu'il y aura à faire et le ferai. Et ainsi, ma mère, je vous prie de me donner votre avis, car je ne suis pas si arrêté en mon opinion que je ne veuille user de votre bon conseil. »

Quand la reine ouït si sagement parler son fils, elle en fut joyeuse, et aussi ceux du conseil le furent, et elle dit : « Mon fils, il me semble que vous avez sagement pris votre décision. Je veux pourtant que vous fassiez ce voyage en aussi haut rang que faire se pourra, car votre père en revint avec grand honneur et en triomphe. »

Pour abréger, les conseillers furent de même opinion, et, quand tout fut bien conclu, on ordonna que le roi ne verrait point le roi d'Angleterre, sinon secrètement et sans en être vu, afin qu'il ne fût pas connu de lui, et que les plus belles bagues, chaînes, colliers et autres choses nécessaires pour les cadeaux de noces, seraient portés en Espagne; qu'on en laisserait toutefois une partie pour aider l'Anglais à se fournir, et enfin que la reine retiendrait celui-ci sept ou huit jours en fêtes, jusqu'à ce que son fils fût prêt à partir.

Le duc d'Orléans eut charge de faire préparer tout ce qui était nécessaire. On prit les plus honnêtes barons de la maison du roi, tous de son âge, et encore cent jeunes gens fort beaux, qui se firent tous habiller du mieux qu'ils purent. Et le roi retourna au bois de Vincennes, priant le duc d'Orléans de faire diligence, et qu'aussitôt que les barons et les pages seraient prêts, on les amenât au bois. Cependant les ducs d'Orléans et de Bourbon firent apprêter deux mille hommes des principaux du royaume et quatre mille archers, avec tous les ustensiles de cuisine et autres choses nécessaires, même plusieurs gardes pour conduire le grand nombre de chariots ou de bahuts qu'ils menaient, et dans lesquels étaient des draps d'or et de soie, avec d'autres richesses sans nombre ; d'habiles tailleurs suivaient ces chariots. Durant ce temps, la reine entretint le roi anglais de son mieux, en attendant que son fils fût prêt.

Le roi d'Angleterre faisait, de son côté, chercher des draps de soie et d'or ; mais il en trouva peu, et les plus beaux étaient pris. Néanmoins il ne s'aperçut de rien, à cause du soin qu'on eut de cacher les mouvements de l'entreprise du jeune roi de France.

XV

Comment les cent pages et les cent barons, tous montés et habillés de même, arrivèrent devant le roi de France au bois de Vincennes.

A la fin, les cent barons et les cent pages vinrent bien équipés et habillés. Ils étaient tous vêtus d'un velours brodé de fin or ; leurs pourpoints étaient de satin cramoisi, magnifiques et bien en point ; mais le roi était le plus beau de tous.

Il défendit à ses gens de dire qui il était, sinon qu'il avait nom Jean de Paris, et qu'il était fils d'un riche bourgeois qui avait laissé de grandes richesses après son décès.

Quand il sut que le roi d'Angleterre voulait partir de Paris, il se mit en route et tira son chemin par la Beauce[1], car il savait que le roi d'Angleterre voulait se diriger sur Bordeaux. Pour cela il prit les devants jusqu'à Étampes, en pleins blés, et là, étant averti que le roi d'Angleterre venait, il choisit les chemins écartés et chevaucha doucement avec deux cents chevaux grisons. Pour son armée, elle s'en allait par une route bien autre, afin que l'Anglais ne l'aperçût pas, et elle conduisait les chariots et

---

1. Plaine fertile en blé qui s'étend du côté d'Orléans et de Chartres, entre la Seine et la Loire.

les richesses de Jean de Paris. Quand le roi anglais arriva à Étampes[1], ses gens lui dirent que devant lui il y avait une compagnie de gens fort bien accoutrés, et qu'il serait bon d'y envoyer pour en avoir des nouvelles.

XVI.

Comment le roi d'Angleterre envoya un héraut pour savoir ce que c'était.

Quand le roi d'Angleterre entendit cela, il fit venir un héraut, lui ordonna d'aller voir cette compagnie, et lui enjoignit de s'enquérir qui était le seigneur et de le saluer de sa part. Incontinent le héraut partit et arriva près des Français. Il les vit chevaucher en belle ordonnance, et tous les chevaux pareils.

Enfin il prit courage, se mit en la garde de Dieu et vint jusqu'auprès des derniers, disant : « Dieu vous garde, messeigneurs. Le roi d'Angleterre, mon maître, qui vient après moi, m'envoie vers vous pour savoir qui est le capitaine de toute cette compagnie.

— Ami, dit l'un d'eux, c'est Jean de Paris, notre seigneur.

— Est-il ici? dit le héraut.

---

1. A mi-chemin entre Orléans et Paris.

— Oui, dirent les Français ; il chevauche un peu en avant de sa bande.

— Vous semble-t-il que je lui puisse parler ?

— Vous pouvez lui parler si vous chevauchez légèrement.

— Comment le connaîtrai-je ?

— Vous le connaîtrez à une petite baguette blanche qu'il tient à la main. »

Le héraut chevaucha au travers de la presse des cavaliers, tout ébahi de voir un tel triomphe ; il se hâta, et, ayant aperçu celui qu'il demandait, il le salua en disant :

« Très-haut et puissant seigneur, je ne sais pas les titres par lesquels je vous peux honorer ; aussi excusez-moi. Qu'il vous plaise du moins, mon très-redouté seigneur, d'apprendre que le roi d'Angleterre, mon maître, m'envoie à vous pour savoir quelles gens vous êtes ; car il est bien près d'ici, en arrière, et désire aller en votre compagnie. »

Jean de Paris répondit :

« Mon ami, vous direz à votre maître que je suis son serviteur, et que s'il veut chevaucher légèrement, il pourra nous atteindre, car nous n'allons pas bien fort.

— Qui dirai-je que vous êtes ?

— Mon ami, dites-lui que je m'appelle Jean de Paris. »

Le héraut ne l'osa plus interroger, craignant de

lui déplaire, et il retourna vers son maître, tout étonné de ce qu'il avait vu. Il lui dit qu'ils étaient environ deux cents chevaliers et cent pages, tous d'un même habit et de même âge. « J'ai tant fait, ajouta-t-il, que j'ai parlé à leur maître et l'ai salué de votre part. Il m'a dit que son nom est Jean de Paris, et je n'ai pas osé l'interroger davantage. Sachez aussi qu'il n'y a pas de différence entre eux, sinon qu'il porte une baguette blanche en sa main et qu'il est merveilleusement beau par-dessus tous les autres. »

XVII

Comment le roi d'Angleterre commanda à ses barons qu'ils chevauchassent fort, quand il eut ces nouvelles de Jean de Paris.

« Or chevauchons, » dit le roi anglais; et il commanda à ses principaux barons qu'ils chevauchassent en belle ordonnance. Quand il eut atteint les derniers, il les salua et ils lui rendirent son salut. Puis il leur dit : « Je voudrais que vous m'eussiez montré Jean de Paris, qui est le seigneur de cette compagnie.

— Sire, dirent-ils, nous sommes ses serviteurs, et vous le trouverez un peu en avant de la bande. Il porte une baguette blanche en sa main. »

Alors le roi d'Angleterre chevaucha jusqu'à Jean de Paris et le salua.

XVIII

Comment le roi d'Angleterre arriva auprès de Jean de Paris et le salua fort doucement, après quoi Jean de Paris lui rendit son salut.

« Au nom de Dieu vous soit honneur, Jean de Paris, et ne vous déplaise, dit-il, si j'ignore votre seigneurie.

— Sire, dit Jean de Paris, vous savez bien que je suis Jean de Paris ; et moi je désire savoir votre nom.

— Je suis le roi anglais, et je vais me marier en Espagne avec la fille du roi.

— A la bonne heure ; et moi je m'en vais passer le temps par le pays ; et j'ai dans l'idée d'aller jusqu'à Bordeaux et plus loin, si c'est ma fantaisie.

— Dites-moi, dit l'Anglais, de quel état vous êtes, vous qui menez une telle compagnie.

— Je suis, répondit Jean, le fils d'un riche bourgeois de Paris, qui vais dépenser une partie de ce que mon père m'a laissé.

— Vous serez bientôt à bout.

— Ne vous souciez pas de si peu, car j'ai autre chose d'ailleurs ; mais chevauchons plus fort, afin de coucher aujourd'hui près d'Orléans, à six lieues du moins. »

Ils allèrent plus fort, et le roi des Anglais dit à ses barons qui l'avaient joint : « Cet homme est fou, de dépenser son bien en courant le pays.

— Sire, dirent ses gens, il a bonne contenance ; s'il n'était pas bien sage, il n'eût pu rassembler une telle compagnie.

— Il est vrai, dit le roi anglais ; aussi ne sais-je que penser ; mais il est impossible de croire que le fils d'un bourgeois puisse maintenir un tel état. »

Et puis il piquait son cheval et venait parler à Jean de Paris, qui ne tenait compte de lui qu'avec dignité et en fière manière. Il gardait une belle gravité et avait bonne contenance. Quand ils furent près d'un lieu nommé Amenais, Jean de Paris dit au roi anglais qui le regardait fort : « Si c'est votre plaisir de prendre la peine de venir souper avec moi, nous ferons bonne chère

— Je vous remercie, dit le roi ; mais c'est moi qui vous prie de venir avec moi. Nous deviserons des choses que nous avons vues.

— Non, dit Jean de Paris, je ne laisserai pour rien mes gens. »

Et, en parlant de beaucoup de choses, ils arrivèrent au lieu où on allait loger pour la nuit. Jean de Paris y trouva ses fourriers, qui avaient accommodé ses logis somptueusement ; le cuisinier et le maître d'hôtel avaient pris les devants, afin que tout fût prêt quand il arriverait, et de tous côtés on avait fait chercher d'avance et prendre les provisions. Quand ils furent arrivés, chacun se retira avec sa compagnie.

XIX

Comment le roi d'Angleterre s'en fut à son logis, et comment Jean de Paris lui envoya à souper.

Quand Jean de Paris fut entré dans son logis, il fut fort joyeux. Le souper était prêt, et il y avait quantité de venaison et de volailles de toutes sortes; car il y avait sur la route des gens qui ne faisaient autre chose que d'aller par le pays et d'acheter ce qui était nécessaire. Les gens du roi anglais firent tuer bœufs, moutons et volailles telles qu'ils les purent trouver.

Quand il fut temps de souper, Jean de Paris fit porter au roi d'Angleterre, dans des plats d'or et d'argent, des viandes de toutes sortes et du vin à foison, ce dont le roi et tous ses gens furent fort ébahis.

Le roi remercia les envoyés et s'assit à la table pour souper tandis que cette viande était chaude, car son souper n'était pas prêt. On s'entretint longuement de Jean de Paris, et le roi anglais disait : « Vraiment, c'est là une chose bien difficile à croire pour qui ne la verrait; toutefois c'est un beau passe-temps que sa compagnie. Plût à Dieu qu'il voulût suivre notre chemin !

— Ainsi fait-il jusqu'à Bordeaux, » dit un Anglais.

Le roi reprit : « J'en suis fort joyeux, mais nous ne sommes pas en état de le récompenser ; je veux du moins que vous soyez six pour le remercier des présents qu'il nous a envoyés, et vous lui demanderez s'il veut venir coucher en notre logis. Je crois que nous avons le meilleur quartier.

— Volontiers, répondirent-ils, et nous saurons vous en rapporter des nouvelles, s'il leur plaît de nous laisser entrer. Nous aurons grand soin, selon vos ordres, de saluer Jean de votre part. »

XX

Comment le roi d'Angleterre envoya ses barons à Jean de Paris pour le remercier et le prier de venir coucher en son logis.

Aussitôt que les barons du roi anglais furent arrivés au quartier de Jean de Paris, ils furent ébahis de voir tant de gardes à la porte. Ces gardes leur demandèrent qui ils étaient « Nous sommes, dirent-ils, au roi d'Angleterre, qui nous a envoyés vers Jean de Paris pour le remercier : faites-nous parler à sa seigneurie.

— Volontiers, car il nous a recommandé de ne rien refuser aux Anglais. »

Les barons furent étonnés de ce qu'ils voyaient. Quand ils furent devant le logis de Jean de Paris, ils trouvèrent d'autres gardes auxquels ils dirent la cause de leur venue. Alors le capitaine de cette garde alla pour voir s'il les devait laisser entrer. Étant revenu il dit aux barons : « Messieurs, notre maître est assis à table; néanmoins il veut bien que vous entriez; venez avec moi. »

Quand le capitaine entra dans la salle, il se jeta à genoux et les Anglais en firent autant, très-émerveillés, vu que Jean de Paris était seul à table, et ses gens autour de lui rangés humblement; ceux à qui il parlait mettaient le genou en terre. Jean de Paris devisa longuement avec les Anglais. Puis, quand il eut soupé et rendu grâces à Dieu, les instruments de toutes sortes commencèrent à jouer mélodieusement, et on mena les Anglais souper avec les nobles barons de France.

Ils furent surpris en voyant la grande quantité de vaisselle d'or et d'argent qu'il y avait. Après souper, les Anglais prirent congé et retournèrent vers leur maître, auquel ils contèrent ce qu'ils avaient vu. Le lendemain Jean alla à l'église, où on lui avait tendu un riche pavillon; puis la messe fut commencée avec les musiciens qu'il menait avec lui. Il y eut des Anglais qui virent cela et allèrent chercher le roi d'Angleterre. Lorsqu'il fut arrivé, Jean le pria de venir à son pavillon pour y être plus à l'aise.

« J'irai volontiers, » dit le roi anglais.

Quand il entra dans le pavillon, il salua Jean, qui lui rendit son salut et lui fit place auprès de lui. Il faisait beau voir le pavillon et ceux qui étaient alentour. Quand la messe fut dite, chacun prit son congé, et ils allèrent en leur logis pour dîner.

Jean de Paris envoya au roi anglais de la viande toute chaude, comme il avait fait la veille au soir; puis ils montèrent à cheval pour aller jusqu'à Bordeaux; et toujours Jean avait ses logis faits et garnis de tout ce qui était nécessaire. Et à chaque repas sans faute il envoyait de la viande chaude.

XXI

Comment le roi d'Angleterre et Jean de Paris chevauchèrent en devisant par le chemin.

Le roi d'Angleterre, chevauchant par delà Bordeaux avec Jean de Paris, lui demanda s'il irait avec lui jusqu'à Bayonne, et Jean répondit : « Oui.

— Plût à Dieu que votre voyage vous conduisît jusqu'en Espagne !

— Peut-être, dit Jean de Paris, je ferai bien

route jusque-là ; car, Dieu le permettant, je n'agis qu'à ma volonté et suivant mon caprice.

— C'est bien, dit le roi anglais. Mais si vous vivez longtemps, il faudra bien changer de propos.

— Je ne crains pas de me ruiner, dit Jean ; car j'ai plus de bien que je n'en puis dépenser de mon vivant. »

Alors le roi regarda ses gens et se dit que cet homme n'était pas en son bon sens ; mais tant il y a que Jean de Paris tenait le roi d'Angleterre plus joyeux qu'il ne l'avait été de sa vie.

XXII

Comment Jean de Paris et ses gens, voyant la pluie venir, mirent leurs manteaux et chaperons à gorge.

Il advint un jour qu'il commença à pleuvoir. Quand Jean de Paris et ses gens virent venir la pluie, ils prirent leurs manteaux et leurs chaperons à gorge et vinrent ainsi accommodés jusqu'auprès du roi anglais, qui les regarda et dit à Jean : « Vous et vos gens vous avez trouvé de bons habillements contre la pluie et le mauvais temps. »

Or, il n'avait nul manteau, et les Anglais ne connaissaient pas encore cet habit, portant tous robes de noces pour la fête, les unes longues, les autres courtes et fourrées. Et ils n'avaient rien pour se changer. Cependant la pluie gâtait beaucoup les étoffes et les fourrures.

Alors Jean dit au roi : « Sire, vous êtes un grand seigneur; vous devriez faire porter à vos gens des maisons pour les couvrir en temps de pluie. »

Le roi se prit à rire et répondit : « Il faudrait avoir un bon nombre d'éléphants pour porter tant de maisons. » Puis il se retira vers ses barons en riant et leur dit : « N'avez-vous pas ouï ce que ce galant a dit? Ne montre-t-il pas qu'il est fou? Il croit qu'avec le trésor qu'il a, quoiqu'il ne l'ait pas acquis de lui-même, rien ne lui est impossible. »

Les barons lui dirent : « Sire, c'est toutefois un beau passe-temps que d'être en sa compagnie; il rend la vie joyeuse. Plût à Dieu qu'il voulût venir aux noces avec vous!

— Je le voudrais; mais ce nous serait une honte véritable : à côté de ce compagnon, les dames feraient peu de cas de nous. »

Ils cessèrent bientôt de parler, car la pluie tombait avec une telle force qu'il n'y avait personne qui ne désirât être au logis. Quand ils furent arrivés à la ville, chacun s'en alla s'abriter, et Jean de Paris envoya aussitôt de bons vins et de bons rôtis aux Anglais. Le lendemain ils allèrent jusqu'à Bayonne et, en route, ils trouvèrent une rivière qui était mauvaise et où se noyèrent plusieurs Anglais.

XXIII

Comment, en passant une rivière, beaucoup des gens du roi d'Angleterre se noyèrent, tandis que Jean de Paris et les siens passèrent hardiment et sans nul dommage.

Quand les Anglais furent près de la rivière, ils commencèrent à passer le gué; mais il y en eut plus de soixante de noyés à cause qu'ils étaient mal montés. Le roi en fut triste. Jean venait tout doucement après lui, et ne s'effrayait point de cette rivière, car lui et tous les siens avaient de bonnes montures.

Quand ils furent à la rivière, ils la passèrent à la volonté de Dieu, quoiqu'elle fût enflée et qu'il y eût du péril. Le roi anglais, qui était au bord de la rivière, se lamentait sur la mort de ses barons et voyait avec envie comment Jean de Paris passait sans dommage. Quand ils furent tous sur la même rive, le roi dit à Jean : « Vous avez eu meilleure fortune que moi; car j'ai perdu beaucoup de mes gens. »

L'autre sourit et dit : « Je m'étonne de ce que vous ne faites pas porter avec vous un pont pour le passage de vos gens quand on arrive aux rivières. »

Le roi rit aussi, malgré sa perte et dit : « Chevauchons un peu, car je suis trempé et voudrais bien être au logis. »

Mais Jean, qui feignit de ne pas l'avoir entendu : « Sire, dit-il, chassons un peu par ce bois.

— Je n'ai pas envie de rire, » dit l'Anglais.

Et ils chevauchèrent tant qu'ils arrivèrent chacun en leur logis, où les Anglais commencèrent à gémir sur leurs parents qui s'étaient noyés ; mais on allait à la noce, et la mélancolie ne dura pas.

Un autre jour, aux champs, le roi anglais, qui avait oublié sa peine, dit à Jean de Paris en chevauchant : « Mon ami, dites-nous, je vous en prie, pour quelle raison vous venez en Espagne.

— Sire, dit Jean, je vous le dirai volontiers. Et voici pourquoi. Il y a environ quinze ans de cela, feu mon père, à qui Dieu fasse grâce de tous ses péchés, vint chasser en ce pays, et, quand il partit, tendit un lacet à une perdrix ; je viens joyeusement voir si la perdrix est prise.

— Vraiment ! dit en riant le roi d'Angleterre ; vous êtes un maître chasseur qui venez si loin chasser une perdrix. Si elle a été prise, elle doit être depuis longtemps gâtée et mangée aux vers.

— Vous ne savez pas, dit Jean, que les perdrix de ce pays ne ressemblent pas aux autres ; celles d'ici se conservent mieux. »

Les Anglais, qui n'entendaient pas à quelle fin il disait ces propos, se mirent à rire. Les uns pensaient qu'il était fou, et les autres, plus sages, pensaient qu'il cachait sa malice.

En arrivant près de la cité de Burgos, où était le roi d'Espagne, et où les noces devaient se faire, le roi anglais dit à Jean : « Monseigneur, si vous voulez venir avec moi jusqu'à Burgos et vous dire attaché à moi, je vous donnerai de l'or et de l'argent en abondance, et vous verrez une belle assemblée de dames et de seigneurs.

— Sire, dit Jean, je ne sais si je dois y aller; mais, quant à me dire attaché à vous, je ne le puis, et pour tout votre royaume je ne le ferais pas, vu que je suis bien plus riche que vous. »

Quand le roi d'Angleterre entendit ce refus, il fut mécontent, et il eût bien voulu que Jean ne fût pas venu en Espagne, craignant, s'il allait à Burgos, qu'il n'éclipsât toute la magnificence des Anglais; mais il n'osa plus lui en parler, et seulement il lui dit : « Pensez-vous y venir, au moins?

— Peut-être irai-je, peut-être n'irai-je pas; mon bon plaisir en décidera. »

Le roi anglais vit qu'il viendrait, et ne comprit rien de plus.

Le lendemain, Jean de Paris dit au roi d'Angleterre de ne pas l'attendre, car il ne voulait bouger de tout le jour, Alors le roi, très-joyeux de ce qu'il restait en arrière, partit seul, et, chevauchant avec hâte, il arriva le jour même, lui et ses barons, à Burgos, où il fut reçu avec grand honneur et en triomphe, et tous ses chevaliers de même.

XXIV

Comment le roi d'Angleterre arriva à Burgos, où il fut honorablement reçu.

C'est environ vers trois ou quatre heures du soir que le roi d'Angleterre arriva à Burgos, où il fut honorablement reçu, comme nous l'avons dit, car il y avait belle et somptueuse compagnie : le roi d'Espagne, le roi de Portugal, le roi et la reine de Navarre, le roi d'Écosse, le roi de Pologne, et plusieurs autres princes, barons, dames et demoiselles qui étaient en grand nombre ; et tous firent un grand honneur au roi d'Angleterre et à ses barons aussi. Mais quand la fille du roi d'Espagne l'eut bien considéré et eut vu qu'il était par delà la cinquantaine, elle ne fut pas très-joyeuse, et elle pensa en elle-même que ce n'était pas son fait. Toutefois, la chose était si avancée qu'il n'y avait aucun remède.

Mais retournons vers Jean de Paris, qui, ayant fait un détour pour attendre et joindre son armée, et ayant fait avancer son train en bel ordre, chevaucha tout le dimanche et vint loger dans une petite ville distante de deux lieues de Burgos ; de là il envoya au roi d'Espagne deux hérauts accompagnés de cinq cents chevaliers, lesquels devaient demander logis pour Jean de Paris.

XXV

Comment les deux hérauts de Jean, étant près de la porte, y laissèrent les cinq cents chevaliers qui étaient venus avec eux et n'entrèrent en la ville qu'avec deux serviteurs.

Les hérauts étaient vêtus d'un riche drap d'or; ils montaient deux haquenées[1] richement accoutrées; et quand ils furent près de la cité, ils firent arrêter leurs gens jusqu'à ce qu'ils fussent de retour, et n'emmenèrent pour chacun d'eux qu'un page habillé de fin velours violet. Les chevaux étaient caparaçonnés et vêtus de même étoffe. Ils entrèrent dans la ville et demandèrent où était le roi d'Espagne, disant qu'ils étaient des hérauts de Jean de Paris et voulaient dire au roi quelque chose de sa part. On alla annoncer au roi d'Espagne qu'il y avait des hérauts, les mieux vêtus qu'on eût jamais vus, et se disant serviteurs d'un nommé Jean de Paris : « Que vous plaît-il qu'on fasse ? »

Le roi d'Espagne répondit : « Entretenez-les jusqu'à ce qu'on ait soupé. »

---

1. La *haquenée* est un cheval de dame qui va doucement le pas de l'amble.

XXVI

Comment le roi d'Angleterre commença à raconter les faits de Jean de Paris, dont on rit pendant tout le souper.

Le roi anglais, voyant que Jean de Paris voulait venir à la fête, commença à dire : « Sire, je vous prie de donner bonne réponse aux hérauts, car vous verrez merveilles.

— Et qui est ce Jean de Paris? demanda le roi d'Aragon.

— Sire, c'est le fils d'un riche bourgeois parisien, qui mène le plus beau train qu'on puisse voir.

— Combien a-t-il de gens?

— Deux ou trois cents chevaux bien accoutrés.

— C'est une terrible chose, dit le roi d'Espagne, qu'un simple bourgeois de Paris puisse maintenir un tel état si longtemps et arriver jusqu'ici.

— Comment! reprit le roi d'Angleterre; et de vaisselle d'or et de vaisselle d'argent, il faut voir s'il en manque! Sachez qu'il est capable de vous acheter votre royaume, et sa richesse semble mieux un rêve qu'autre chose : je vous dirai même qu'il n'estime pas beaucoup notre état de rois à côté du sien. Du reste, il est fort doux et fort communicatif; mais, je le répète, on croirait qu'il vient de la lune, car il dit des mots qui n'ont ni tête ni queue, ce qui empêche de le prendre pour un homme ordinaire.

— Mais encore que dit-il ?

— Je vais vous l'apprendre. Un jour qu'il chevauchait avec moi par une forte pluie, ses gens prirent certains vêtements qu'ils faisaient porter par des chevaux, pour les préserver en pareil cas. Je lui dis qu'il était bien préparé pour recevoir la pluie ; il me répondit que moi, qui étais roi d'Angleterre, je devrais faire porter à mes gens des maisons pour les protéger contre le mauvais temps ! »

Et tout le monde de rire.

« Écoutez, messieurs, dit le roi de Portugal, il ne faut pas se moquer d'un homme en son absence ; il faut qu'il soit sage au fond pour mener avec lui si belle compagnie, et ce n'est pas, à ce qu'il me semble, sans grand sens et grand entendement qu'il se conduit. »

Les paroles du roi de Portugal firent impression sur les dames et les seigneurs, car il était de bon conseil ; mais le roi anglais reprit :

« Vous n'avez encore rien ouï. Je vous dirai autre chose. Un jour, au passage d'une rivière, plusieurs de mes gens furent noyés dans l'eau, qui coulait très-roide ; et, comme je regardais l'eau tristement, il vint vers moi pour me consoler, et me dit : « Vous qui êtes un puissant roi, vous de-

« vriez faire porter avec vous un pont pour faire
« passer la rivière à vos gens, afin qu'ils ne se
« noient pas. »

Quand le roi eut parlé, on se mit à rire fort.

Mais la fille du roi d'Espagne, qui écoutait, lui
dit : « Monseigneur, dites-nous encore une autre
folie.

— Volontiers. L'autre jour, pendant que nous
marchions ensemble, je lui demandai pourquoi
il venait en ce pays. Il dit que son père, y étant allé,
à son retour avait tendu un lacs à une perdrix, et
qu'il venait voir (or il y a quinze ans de cela) si
ladite perdrix était prise. »

Quand on eut entendu ces paroles, le roi d'Espagne rit plus fort que devant, et le roi anglais
récita longuement tout ce qu'il savait du voyage
de Jean son compagnon. Ainsi s'acheva le souper.
Quand les nappes furent enlevées, le roi envoya
quérir les hérauts, qui étaient richement accoutrés,
et qui, étant venus devant la compagnie, saluèrent
le roi.

XXVII

Comment les hérauts de Jean de Paris entrèrent en la ville où
était le roi d'Espagne avec plusieurs rois, barons, dames,
chevaliers, pour demander logis au nom de leur maître.

« Sire, dirent-ils, Jean de Paris, notre maître,

vous salue et vous prie de lui donner logis en un quartier de la ville pour lui et ses gens.

— Mes amis, dit le roi, pour les logis, vous n'en manquerez pas, car je veux qu'on vous en donne de bons et de larges. »

Alors il envoya un maître d'hôtel avec eux, et dit : « Allez, mes amis; si vous avez besoin de quelque chose, je vous le ferai donner. »

Ils s'en allèrent alors en la cité, et on leur assigna des logis pour trois cents chevaux; mais ils n'en tinrent compte. Amenés devant le roi, lorsqu'il leur eut demandé s'ils avaient assez de logements, ils dirent : « Non, car il nous en faut dix fois autant.

— Comment! dit le roi d'Espagne, avez-vous à loger plus de trois cents chevaux?

— Oui, sire, plus de deux mille même, et il nous faut bien toutes les maisons, depuis l'église jusqu'à la porte.

— Vous aurez cela demain matin, dit le roi d'Espagne, car je désire vraiment voir votre maître. Je ferai tantôt déloger ceux qui sont en ces maisons, et demain tout sera prêt. »

Alors ils prirent congé de lui, disant : « Nous enverrons nos fourriers.

— Envoyez-les, dit le roi, et je me recommande à votre Jean. »

On pense que de grands discours furent tenus sur

Jean de Paris, et qu'il tardait à tous que le lendemain fût venu.

XXVIII

Comment les hérauts allèrent vers Jean pour lui dire la réponse que le roi d'Espagne avait faite.

Les hérauts marchèrent toute la nuit pour aller donner à Jean de Paris des nouvelles de ce qu'ils avaient fait avec le roi d'Espagne. Ils arrivèrent près de lui et lui parlèrent surtout de la beauté de la jeune fille. Il les renvoya avec les cinq cents premiers chevaux pour préparer les logements, puis il appela les princes et les barons, les priant d'observer les instructions qu'il leur avait données pour toute la marche.

Quand arriva le matin, les seigneurs et les dames d'Espagne, qui étaient venus de toutes parts pour les noces, se levèrent en hâte, de peur de manquer l'arrivée de Jean de Paris. Pendant qu'ils en parlaient, les deux hérauts et les deux pages arrivèrent, suivis des cinq cents chevaliers. On alla dire au palais que Jean de Paris venait; et, quand les fourriers le surent, ils s'approchèrent du palais du roi pour savoir si Jean de Paris y était, et s'avancèrent afin de lui parler.

XXIX

Comment les fourriers de Jean de Paris passèrent devant le palais du roi d'Espagne, lequel leur dit qu'ils étaient les bienvenus.

Ainsi les fourriers allèrent vers le palais du roi d'Espagne, et le roi les reçut fort honorablement. Il dit à un des fourriers : « Dites-nous où est Jean de Paris, afin qu'on le voie. »

Le fourrier répondit : « Il n'est pas en cette compagnie.

— Qui êtes-vous donc?

— Nous sommes les fourriers qui venons lui préparer ses logements. »

Quand le roi entendit cette réponse, il fut ébahi, et dit au roi d'Angleterre : « Vous disiez qu'il n'y avait que trois cents chevaux, et en voilà plus de cinq cents qui sont passés.

— Voilà des gens richement accoutrés, dit la fille du roi d'Espagne ; vous devez bien traiter leur maître, qui vient nous faire tant d'honneur.

— Vraiment, ma fille, vous avez raison, je vais envoyer ces gens qui sont venus pour le faire fournir de linge, de vaisselle et de tapisserie. »

Il appela son maître d'hôtel et lui dit : « Allez au quartier que vous avez donné à ces gens, et faites-leur donner ce qu'il faudra. »

Le maître d'hôtel y fut et les trouva en besogne : les uns élevaient des barrières; les autres rompaient les maisons pour qu'on pût passer de l'une à l'autre; d'autres tendaient des tapisseries; et il semblait que ce fût un monde. Quand le maître d'hôtel vit cela, il fut bien étonné, et dit : « Je viens ici pour savoir ce qu'il vous faut, soit vaisselle, soit tapisserie; s'il vous en faut, je vous en ferai délivrer.

— Dites au roi que nous le remercions; car bientôt arriveront les chariots, qui portent tous nos ustensiles. Si le roi a besoin de tapisserie ou vaisselle d'or ou d'argent, nous en avons assez pour lui en donner; venez nous le dire, et nous en enverrons douze chariots chargés. »

Le maître d'hôtel s'en alla tout émerveillé le dire au roi devant toute la baronnie et devant les dames, qui écoutaient le rapport qu'il faisait : on ne parlait que de Jean de Paris, dont l'arrivée tardait tant. Le roi fit cependant célébrer la messe : tous les princes et tous les seigneurs allèrent l'ouïr; et quand arriva la fin, on vit venir un écuyer qui dit : « Venez voir arriver Jean de Paris, et hâtez-vous. »

Alors les rois prirent les dames par la main et s'en allèrent se placer aux fenêtres du palais; les autres sortirent dans la rue afin de voir le cortége de plus près.

XXX

Comment les conducteurs des chariots vinrent en belle ordonnance, et après eux les chariots de la tapisserie.

Peu après arrivèrent deux cents hommes d'armes bien vêtus. Devant eux marchaient deux trompettes, deux tambours de Suisse et un fifre, et ils étaient montés sur de bons chevaux qu'ils faisaient sauter de mille manières. C'était une joie de les voir. Cette cavalerie venait deux à deux en belle ordonnance. Le roi d'Espagne demandait au roi anglais qui étaient ces gens-là. « Je n'en sais rien, car je ne les ai point vus en notre voyage. »

Alors le roi de Navarre, qui tenait la jeune princesse par la main, demanda : « Qui êtes-vous, messieurs ?

— Nous sommes les conducteurs des chariots de Jean de Paris, qui viennent peu après nous. »

La princesse dit : « Voici un état bien triomphant pour le fils d'un bourgeois. »

Après arrivèrent les chariots de la tapisserie, à chacun desquels il y avait huit coursiers richement harnachés, et on voyait cinq chariots couverts de velours. « Hélas! dit la jeune fille, nous ne le verrons point, il sera dedans ces riches chariots. »

Alors le roi de Navarre courut après ceux qui

les conduisaient, car à chacun il y avait deux hommes pour mener les chevaux. « Dites, mes amis, qui est-ce qui est dans ces beaux chariots ? » Ils répondirent que c'étaient les tapisseries de Jean de Paris.

Quand il en fut passé dix ou douze, il dit à un autre : « Dites-moi, mon ami, qui est dans ces chariots ?

— Monseigneur, répondit-il, tous ceux qui sont couverts de vert sont les chariots de la tapisserie et du linge.

— Ah! mon ami, dit la fille du roi d'Espagne au roi anglais, vous ne nous aviez pas dit ce que vous saviez de Jean de Paris.

— Ma mie, répondit le roi anglais, je n'en avais vu que ce que j'en ai dit; et je suis bien surpris, ne sachant pas plus que vous ce que ce peut être. »

Et comme ils parlaient, les chariots achevèrent de passer.

XXXI

Comment entrèrent vingt-cinq autres chariots qui portaient les ustensiles de la cuisine.

Aussitôt que les premiers chariots furent passés, il en vint vingt-cinq autres qui étaient tous couverts de cuir rouge. Bientôt après le roi de Portugal demanda : « Messieurs, quels chariots sont ceux-ci ?

— Ce sont les chariots des ustensiles de cuisine de Jean de Paris.

— Je me tiendrais bien heureux, dit le roi de Portugal, d'en avoir une demi-douzaine de pareils. Qui est celui qui peut mener et entretenir un tel train? Ne le verrons-nous pas? »

Et comme ils disaient cela, on vint dire que le dîner était prêt.

« Hélas! s'écrièrent les dames, ne parlez point de cela, car n'est-ce pas un plaisir que de voir tant de richesses? »

Quand les premiers chariots furent passés, il en arriva vingt-cinq autres couverts de damas bleu, et les coursiers étaient harnachés de même, comme nous verrons ci-après.

XXXII

Comment il entra dans la ville vingt-cinq autres chariots couverts de damas bleu, qui portaient la garde-robe de Jean de Paris.

« Regardez, dit la princesse, voici venir d'autres chariots plus riches que les premiers. »

Quand ils furent près, on demanda à ceux qui les menaient à qui étaient ces chariots. « Ce sont, répondirent-ils, les chariots de la garde-robe de Jean de Paris.

— Quels habillements peut-il avoir là dedans ? » dit-elle. Puis elle cria par la fenêtre : « Dites-moi, mon ami, combien y en a-t-il ? »

Ils répondirent : « Vingt-cinq.

— Voilà assez de richesses, dit le roi, pour acheter tous nos royaumes. »

Grand bruit était par toute la cité, spécialement au palais, de la venue de cet homme extraordinaire. Et surtout le roi d'Angleterre était tout étonné de voir et d'entendre tout ce qu'il entendait, car de lui on ne faisait plus d'estime ; mêmement il n'avait loisir de parler ni de rire avec sa fiancée comme il désirait le faire, et il en devenait tout triste. Enfin, les vingt-cinq chariots passés, il en défila vingt-cinq autres couverts de fin velours cramoisi et brodé d'or avec des franges fort riches. Quand on les vit approcher, chacun s'avança pour les regarder de près.

XXXIII

Comment les chariots de la vaisselle de Jean de Paris entrèrent.

« Certes, dit la jeune fille, je crois que Dieu doit à cette heure arriver de son paradis. Est-il homme qui puisse assembler une telle noblesse ?

— Si l'on m'eût dit que c'est le roi de France, dit le roi de Navarre, je n'en serais point étonné, car c'est un beau royaume que la France; mais ce bourgeois-là fait que je ne sais où j'en suis.

— Comment! dit la jeune princesse, vous semble-t-il que le roi mon père n'en pourrait faire autant?

— Je ne sais, en vérité. »

Et, pendant qu'ils parlaient, vingt-cinq chariots, excepté un, passèrent, et à ce dernier le roi demanda : « Amis, qu'y a-t-il en ces chariots couverts de cramoisi?

— Sire, c'est la vaisselle de Jean de Paris. »

Incontinent après, arrivèrent deux cents hommes d'armes bien en point, comme pour combattre; et ils venaient quatre à quatre, en bel ordre et sans bruit. Le roi d'Espagne appela le premier, qui portait un pain au bout de sa lance, et lui dit : « Jean de Paris est-il en cette belle compagnie?

— Non, sire, dit l'homme. Jean, mon maître, et sa compagnie dînent aux champs. »

Quand les chariots et les deux cents hommes d'armes furent passés, le roi d'Espagne dit qu'on allât dîner; cependant les dames demandèrent qu'il laissât bonne garde à la porte, pour que Jean ne passât pas sans être vu. « Ne craignez rien, dit le roi, j'en serais plus mécontent que vous. »

On dîna donc en ne parlant que des merveilles qu'on avait vues, et le roi d'Angleterre n'était pas content. Après dîner ils commencèrent à deviser;

mais il vint deux écuyers qui dirent : « Venez voir la plus belle compagnie du monde. »

Alors les rois sortirent avec les dames et les chevaliers, tenant chacun une demoiselle par la main, et vinrent aux fenêtres ; les autres descendirent dans la rue, qui était toute pleine de peuple.

XXXIV
Comment les archers de la garde de Jean de Paris entrèrent en grand triomphe.

Bientôt arrivèrent six clairons superbement équipés, qui sonnèrent si mélodieusement que c'était merveille ; puis vint un grand coursier sautant, qui portait une enseigne ; et après lui deux mille archers bien équipés ; et il y avait beaucoup d'orfévrerie qui reluisait au soleil. Le roi d'Espagne demanda à celui qui portait l'enseigne si Jean de Paris était là ; il répondit que non, que c'étaient les archers de sa garde. « Comment ! dit le roi d'Espagne, appelez-vous archers ces gens qui semblent être des seigneurs ?

— Vous en verrez bien d'autres. »

Et l'enseigne passa outre, menant ses gens en bonne ordonnance.

Et il arriva un des hérauts de Jean pour demander la clef de l'église afin d'avoir vêpres. Le roi lui dit : « Mon ami, vous aurez tout ce que vous demanderez; mais je vous prie, restez pour nous montrer Jean de Paris.

— Je vous laisserai mon page, qui vous le montrera; mais il n'est pas encore ici. Il y a bien des gens qui passeront avant qu'il vienne. »

Et il laissa son page. La princesse lui demanda son nom, et le page dit qu'il se nommait Gabriel. « Gabriel dit-elle, je vous supplie de ne me pas quitter; et tenez, voici un anneau. » Et elle le lui donna, disant : « Mais, quand viendra Jean de Paris ?

— Mademoiselle, ses gens d'armes viendront d'abord.

— Comment! ne sont-ce pas eux qui passent?

— Non, ce sont les archers de l'avant-garde, qui sont deux mille, et il y en a autant à l'arrière-garde. »

Le roi d'Aragon dit : « Comment cela ? Mais va-t-il donc à la guerre contre quelque prince, qu'il mène tant de gens d'armes ?

— Non, dit le page, c'est son train ordinaire.

— Je crois que ces gens-là sortent par une porte et rentrent par l'autre, dit le roi anglais.

— Ce serait fait finement, » dit le roi de Portugal.

XXXV

Comment le maître d'hôtel de Jean de Paris entra avec les cent pages d'honneur.

Après que les archers furent passés, il arriva un bel homme qui était vêtu de drap d'or, un bâton à la main, sur une haquenée. Après lui venaient les cent pages d'honneur de Jean de Paris, vêtus de cramoisi ; leur pourpoint de satin était brodé d'or, et ils étaient richement montés sur des chevaux grisons harnachés de velours cramoisi, comme les robes des pages. Ils venaient leur petit train, bien arrangés deux à deux, et il faisait beau les voir, car on les avait choisis soigneusement. Or, la princesse croyait que celui qui était en avant était Jean de Paris, et elle se leva pour le saluer, ainsi que plusieurs barons et plusieurs dames ; mais le page s'en aperçut et dit : « Mademoiselle, ne bougez jusqu'à ce que je vous avertisse ; celui qui est là n'est que le maître d'hôtel ; il est d'office cette semaine, car ils sont quatre qui servent par quartier ; et après lui viennent les pages d'honneur, qui voient comment les logis sont préparés. »

Le page montrait ainsi aux rois toute l'ordonnance, et ils disaient qu'il y en avait de quoi subjuguer le monde.

XXXVI

Comment un chevalier qui portait une épée dont le fourreau était couvert d'orfévrerie et de pierres précieuses entra en grand triomphe.

Quand les hommes d'armes furent passés, arriva un chevalier revêtu de drap d'or, monté sur un coursier qui était couvert du même velours, et dont la housse était violette. Ce chevalier portait en sa main une épée dont le fourreau était semé de riches pierreries. Le page cria aux seigneurs et aux dames, et dit : « Mademoiselle, voici celui qui porte l'épée de Jean de Paris ; il sera bientôt ici.

— Hélas! mon ami, regardez bien, afin de me le montrer de bonne heure.

— Ainsi ferai-je, » dit le page.

Puis venaient six cents hommes montés sur des grisons bien accommodés, avec des harnais tout semés d'orfévrerie, et par-dessus les croupes des chevaux il y avait de fort belles chaînes d'argent toutes dorées, et les cavaliers qui étaient montés dessus étaient habillés de velours cramoisi comme les pages.

XXXVII

Comment Jean de Paris entra en la cité royale de Burgos.

Le page, voyant venir Jean de Paris, appela la princesse et lui dit : « Madame, je vais m'acquitter envers vous et vous montrer le plus noble chrétien qu'il y ait, et c'est Jean de Paris. Regardez celui qui porte une baguette blanche à la main et un collier d'or au cou, voyez comme il est beau et gracieux : l'or de son collier ne change point la couleur de ses cheveux. »

La princesse d'Espagne fut joyeuse. Et, en effet, Jean de Paris arrivait, richement habillé, et autour de lui six beaux pages, trois en avant, trois en arrière. Quand elle le vit, elle devint si rouge, qu'il semblait que le feu lui sortait du visage. Le roi de Navarre lui serra la main, s'en étant bien aperçu. Lorsque Jean de Paris passa, elle le salua doucement. Il la vit, et aussitôt l'aima de vraie amitié, faisant la révérence et remerciant du salut; après quoi il poursuivit son chemin.

XXXVIII

Comment cinq cents hommes d'armes de l'arrière-garde entrèrent en belle ordonnance.

Jean de Paris étant entré, arrivèrent les cinq cents hommes d'armes de l'arrière-garde qui le suivaient. Les seigneurs et dames furent ébahis en voyant tant de gens, et la princesse dit : « Hé! Gabriel, y a-t-il encore des gens d'armes?

— Madame, dit le page, c'est l'arrière-garde de mon maître; ils sont cinq cents semblables à ceux qui sont passés les premiers.

— Il serait peu prudent de chercher noise à un tel homme, dit le roi de Navarre; je ne crois pas qu'il y ait plus de richesses au monde. »

Et les dames allèrent vers le roi d'Espagne, le

priant d'envoyer querir Jean de Paris, ce qu'il promit de faire en hâte.

XXXIX

Comment le comte Guérin Le Breton de Baëza et ses compagnons allèrent vers Jean de Paris.

Le roi d'Espagne dit aussitôt au comte Guérin Le Breton de Baëza et à trois de ses barons : « Dites à Jean de Paris que nous le prions de venir en ce palais pour commencer la fête. »

Quand ils arrivèrent au quartier de Jean de Paris, ils trouvèrent les rues fortifiées, avec bonne garde, et on leur demanda qui ils étaient. « Nous sommes, dit le comte, envoyés du roi d'Espagne, et cherchons Jean de Paris.

— Entrez avec les vôtres. »

Ils entrèrent et virent les rues tendues de riches tapisseries. Étant devant le logis, ils trouvèrent grande compagnie des gens d'armes avec leur capitaine, auquel le comte s'adressa pour parler à Jean.

« Qui êtes-vous? dit le capitaine.

— Je suis le comte Guérin Le Breton de Baëza, que le roi d'Espagne a chargé de venir parler à Jean de Paris.

— Suivez-moi. »

Ils furent conduits en la première salle, qui était

tapissée d'un drap d'or à haute lisse, et le regardèrent soigneusement. Le capitaine leur dit : « Attendez un peu encore, parce qu'on tient conseil, et que je n'ose heurter à la porte. »

Ils attendirent donc un peu ; puis on ouvrit. Le capitaine rentra avec un chambellan, et dit que le comte Guérin Le Breton de Baëza voulait parler à Jean de Paris. « Je vais appeler le chancelier, qui lui parlera, » dit-on de l'intérieur.

Le chancelier arriva, qui demanda ce qu'ils voulaient. « Nous voulons, dirent les envoyés, parler à Jean de Paris de la part du roi d'Espagne.

— Eh quoi ! est-il si malade qu'il ne puisse venir ici ? Vous ne pouvez, vous, lui parler. »

Le comte, entendant la réponse, fut ébahi, et retourna dire toute la chose au roi d'Espagne. Les dames furent fâchées, croyant qu'il ne viendrait pas.

Mais le roi d'Espagne et les rois se mirent en route pour savoir des nouvelles de celui qui était si haut personnage.

Le chancelier de Jean, les entendant venir, sortit de la chambre avec cinquante hommes et les reçut avec honneur, eux et leur compagnie ; puis il dit au roi d'Espagne : « Sire, que venez-vous faire ici ? Soyez le bienvenu.

—Je ne me pourrais tenir, dit le roi d'Espagne, de venir voir Jean de Paris, et je le prie de se rendre, s'il le veut bien, en mon palais, parce que nos dames le désirent voir : aussi je vous prie de me faire parler à lui.

— Venez donc, je vous montrerai le chemin. »

Il le mena en la chambre du conseil, qui était tendue de satin rouge broché de feuillages d'or,

avec un ciel bleu à étoiles de fins diamants, puis ils entrèrent en un appartement tendu de velours vert, sur lequel était brodée en or, et avec des perles, l'*Histoire de l'Ancien Testament*. Au coin de cette salle il y avait un riche siége à trois degrés, couvert d'un poêle d'or, et par-dessus était un pavillon à franges de diamants, rubis, émeraudes, saphirs, améthystes, grenats, topazes, opales, et autres pierres précieuses qui étincelaient merveilleusement. Jean de Paris et ses gentilshommes parurent alors, vêtus de satin blanc à crevés de soie cerise. Le seul Jean avait un collier de pierreries.

« Voici le roi d'Espagne qui vient voir Jean de Paris, » dit le chancelier aux barons ; et il s'avança vers Jean, qui était assis sur le siége.

XL

Comment le roi d'Espagne entra avec plusieurs barons dans la chambre verte.

Le chevalier se mit à genoux devant Jean de Paris, disant : « Sire, voici le roi d'Espagne qui vous vient saluer. » Et il s'inclina.

Jean se leva de son siége et alla donner l'accolade à son hôte, disant : « Sire, roi d'Espagne, Dieu vous garde, vous et toute votre compagnie.

— Soyez le bienvenu en ce pays, dit le roi d'Espagne. Je vous prie de venir en mon palais voir les dames qui ont un grand désir de vous voir, et aussi plusieurs rois, princes et seigneurs qui vous recevront avec joie. »

Aussitôt toutes sortes de confitures furent mises dans de grandes coupes d'or, avec des vins de plusieurs sortes. Quand ils eurent fait collation, Jean de Paris dit au roi d'Espagne : « Allons voir les dames. »

XLI

Comment Jean de Paris s'assit au plus haut de la salle avec la fille du roi.

Jean de Paris étant arrivé en la salle avec le roi d'Espagne, les grands seigneurs et les dames vinrent au-devant d'eux. Et Jean salua les rois d'Angleterre, d'Aragon, de Navarre, et aussi ceux d'Écosse et de Pologne ; puis il ôta son chapeau et salua les reines en les embrassant. Ensuite il prit la fille du roi, Louise-Herminie, par la main en lui disant : « Je vous remercie, ma sœur, de votre bon accueil. »

Elle rougit et s'inclina ; et Jean de Paris dit à ses barons : « Saluez les dames, après quoi nous irons nous reposer. »

Puis, prenant les reines par les mains, il alla s'asseoir au plus haut lieu de la salle et dit : « Messeigneurs, prenez places, car nous avons pris la nôtre. »

Et il commença à deviser avec les reines, et, en parlant, la princesse lui dit : « Seigneur, vous avez amené une belle armée.

— Madame, je l'ai fait pour l'amour de vous.

— Comment, dit-elle en rougissant, pour l'amour de moi ?

— Oui, » dit Jean de Paris.

Alors le roi de Navarre dit au roi d'Espagne : « Mon cousin, votre beau-fils blâmait cet 'homme en racontant que parfois ses discours sentaient la folie ; je crois qu'il n'est pas si légère personne ; seulement il parle à mots couverts, et on a peine à les entendre : je voudrais que nous pussions les lui faire expliquer.

— Je le veux bien, dit le roi d'Espagne, mais j'ai peur de lui déplaire. »

XLII

Comment le roi d'Espagne fit apporter la collation pour Jean de Paris.

Le roi fit apporter la collation, et le maître d'hôtel demanda à un des barons de Jean de Paris comment il le ferait boire. « Attendez, dit le baron, je vais chercher celui qui le sert. » Et il alla dire au duc de Normandie qu'on voulait servir du vin.

Le duc appela son écuyer et lui dit d'aller prendre les coupes pour servir ; puis il commanda aux autres écuyers de le suivre, et ils vinrent se présenter dans cet ordre à Jean de Paris, lequel prit sa coupe, fit donner les autres aux rois en disant :

« Buvons en hâte, » et but sans attendre personne. Lorsqu'il eut bu, il donna sa coupe à la princèsse et lui dit : « Chère amie, j'ai bu à vous ; ainsi n'ayez crainte de moi.

— Seigneur, dit-elle, je n'ai pas de raisons pour vous craindre, et je vous remercie. »

Les rois, seigneurs et dames burent, fort étonnés de ce que Jean de Paris prenait ainsi le pas sur tous les rois, qui étaient plus vieux que lui. Quand la collation fut faite, les rois, reines, princes, seigneurs et dames s'approchèrent de Jean de Paris pour lui parler.

XLIII

Comment le roi d'Espagne demanda à Jean de Paris l'explication des mots qu'il avait dits au roi d'Angleterre.

Pour lors le roi d'Espagne dit à Jean de Paris : « Si je n'avais peur de vous déplaire, je vous demanderais l'explication de quelques mots que vous avez dits en chemin.

— Demandez-moi ce qu'il vous plaira de savoir, reprit Jean, et je ne serai pas long à vous répondre.

— Selon vous, dit le roi espagnol, mon beau-fils, le roi d'Angleterre, devrait faire porter à ses gens des maisons pour les garder de la pluie ; je ne puis interpréter cela. »

Jean de Paris se prit à rire et dit : « Tout ici est aisé. Mes gens et moi, nous avions des manteaux et des chaperons à gorges pour la pluie ; quand il faisait sec, nous les mettions dans nos valises. Les valises sont les maisons que je conseillais à votre beau-fils de porter.

— Je vous demanderai encore une autre chose : un jour vous avez dit qu'il faudrait qu'il fît porter par ses gens un pont pour passer la rivière.

— Il est vrai que près de Bayonne nous trouvâmes une petite rivière bien creuse. Le roi d'Angleterre et ses gens étaient mal montés, et il se noya du monde. Ce que j'ai dit signifie qu'il faut avoir de bons chevaux pour passer les rivières.

— Pourquoi aussi avez-vous dit que votre père était venu en ce pays il y a douze ans et avait tendu un lacs à une perdrix, et que vous veniez voir si la bête était prise ?

— Ah ! pour cela je ne blâme pas le roi d'Angleterre s'il n'y a pas vu clair. Il y a environ douze ans (et vous le savez, sire), mon père vint en ce pays rétablir un ami à lui qui était en querelle avec ses sujets ; quand il eut fait toute chose pour le bien, l'ami et sa femme lui donnèrent leur fille pour la marier, et il dit que ce serait pour son fils, qui est moi. Voilà quelle est la perdrix que je suis venu prendre. Il faut vous dire, messieurs, que mon père était et que je suis le roi de France. »

Je vous laisse à imaginer quelle fut, à ces mots, la stupéfaction de toute l'assemblée.

XLIV

Comment le roi de France épousa la fille du roi d'Espagne.

Le roi Jean épousa la fille du roi d'Espagne dans

la ville de Burgos, et de grandes réjouissances furent faites par tout le royaume.

Tandis que la fille du roi d'Espagne, gaie, heureuse, contente, avait en les yeux mille rayons de joie claire, le roi anglais, sur ses tristes vaisseaux, reprenait piteusement le chemin de Londres.

Les Parisiens chantaient sur le Pont-Nouveau du Palais[1] et sur la place Maubert :

> C'est un roi bien bon et sage
> Qui la France mènera :
> Reine prise en mariage
> A qui doute le dira.

Et ils faisaient mille feux de joie à en incendier les carrefours.

> On ne voit pas dans l'histoire
> Un plus triomphant pays,
> Princes de plus grande gloire
> Que ville et roi de Paris.
> Le destin veut que la France
> De l'univers entier soit la règle et l'orgueil.
> Lorsque Jean, notre ami, dans sa fière vaillance,
> De l'Espagne franchit le seuil,
> Il fait voir qu'il n'est pas de contrée où ne puisse,
> Si le bon droit est violé,
> D'un monarque français pénétrer la justice,
> Et, dès qu'il est vainqueur, il est plein de pitié.
> Même avant que de vaincre Il est d'humeur joyeuse :
> Ainsi va l'esprit des Français.
> Dame Fortune est trop heureuse
> De travailler à leurs succès.

1. Le pont au Change.

GRISELIDIS

NOTICE.

Le texte de l'*Histoire de Griselidis* que nous donnons ci est celui qu'a donné Le Grand d'Aussy dans son choix de *fabliaux et contes*, réimprimé en 1829[1], et celui qu'il attribue à Mlle de Montmartin[2].

Le premier texte français de cette touchante histoire date de 1484. On en a fait des éditions nombreuses avant qu'il entrât dans la Bibliothèque bleue, et il a eu l'honneur d'être mis en vers par Perrault.

C'est encore, à ce qu'il paraît, un conte d'origine française, quoique bien des gens s'imaginent qu'il nous vient directement de Boccace. L'ingénieux conteur italien inventait rarement les sujets de ses histoires; il les empruntait à droite et à gauche, en Italie ou ailleurs, et la plus abondante des sources où il ait puisé est précisément cette riche collection de petits romans et de fabliaux français qui, au moyen âge, faisaient déjà de notre nation la nation la plus littéraire, la plus spirituelle, la plus habile de l'Europe.

Le Grand d'Aussy s'exprime très-catégoriquement au sujet de Griselidis. « Du Chat[3], dit-il, dans ses notes sur

---

1. Chez Jules Renouard, 5 vol. in-8. L'*Histoire de Griselidis* est à la page 297 du tome II. — 2. En 1749. — 3. Le Duchat (1658-1736).

Rabelais, avait déjà dit que Griselidis était tiré d'un manuscrit intitulé *le Parement des dames*, et c'est d'après ce témoignage que M. Manni, dans son *Illustrazione del Boccacio*, en a restitué l'honneur aux Français. La quantité de versions en prose qu'on fit de ce conte au quatorzième siècle prouve la grande réputation qu'il avait dès lors. J'en ai trouvé plus de vingt différentes sous le titre de *Miroir des dames*, *Enseignement des femmes mariées*, *Exemple des bonnes et mauvaises femmes*, etc. »

Du reste, qu'il soit français ou qu'il soit italien, ce conte est un petit chef-d'œuvre de grâce triste et de simplicité. Toute l'Europe en a fait ses délices.

Le soir elle lui apprêtait son chétif repas. (Page 278.)

GRISELIDIS.

I

Gautier, marquis de Saluces, est prié de se marier
par ses barons.

En Lombardie, sur les confins du Piémont, est
une noble contrée qu'on nomme la terre de Sa-

luces¹, et dont les seigneurs ont porté de tout temps le titre de marquis.

De tous ces marquis, le plus noble et le plus puissant fut celui que l'on appelait Gautier. Il était beau, bien fait, avantagé de tous les dons de la nature; mais il avait un défaut : c'était d'aimer trop la liberté du célibat et de ne vouloir en aucune façon entendre parler de mariage. Ses barons et ses vassaux en étaient fort affligés; ils s'assemblèrent donc pour conférer entre eux à ce sujet, et, d'après leur délibération, quelques députés vinrent en leur nom lui tenir ce discours :

« Marquis, notre seul maître et souverain seigneur, l'amour que nous vous portons nous a inspiré la hardiesse de venir vous parler; car tout ce qui est en vous nous plaît, et nous nous réputons heureux d'avoir un tel seigneur; mais, cher sire, vous savez que les années passent en s'envolant et qu'elles ne reviennent jamais. Quoique vous soyez à la fleur de l'âge, la vieillesse néanmoins, et la mort, dont nul n'est exempt, s'approchent de vous tous les jours. Vos vassaux, qui jamais ne refuseront de vous obéir, vous supplient donc d'agréer qu'ils cherchent pour vous une dame de haute naissance, belle et vertueuse, qui soit digne de devenir

---

1. Dans l'ancien royaume de Piémont, vers les sources du Pô, au pied des Alpes maritimes.

votre épouse. Accordez, sire, cette grâce à vos fidèles sujets, afin que, si votre haute et noble personne éprouvait quelque infortune, dans leur malheur au moins ils ne restassent point sans seigneur. »

A ce discours, Gautier attendri répondit affectueusement : « Mes amis, il est vrai que je me plaisais à jouir de cette liberté qu'on goûte dans ma

situation, et qu'on perd dans le mariage, si j'en crois ceux qui l'ont éprouvé. Toutefois je vous promets de prendre une femme, et j'espère de la bonté de Dieu qu'il me la donnera telle que je pourrai avec elle vivre heureux. Mais je veux aussi auparavant que vous me promettiez une chose : c'est que celle que je choisirai, quelle qu'elle soit, fille de pauvre ou de riche, vous la respectiez et l'honoriez comme votre dame, et qu'il n'y ait aucun de vous dans la suite qui ose blâmer mon choix ou en murmurer. »

Les barons promirent d'observer fidèlement ce que leur avait demandé le marquis leur seigneur. Ils le remercièrent d'avoir déféré à leur requête, et celui-ci prit jour avec eux pour ses noces, ce qui causa par tout le pays de Saluces une joie universelle.

II

Ce qu'était Griselidis.

Or, à peu de distance du château, il y avait un village qu'habitaient quelques laboureurs, et que traversait ordinairement le marquis, quand, par amusement, il allait chasser. Au nombre de ces habitants était un vieillard appelé Janicola, pauvre, accablé d'infirmités, et qui ne pouvait plus marcher. Souvent dans une malheureuse chaumière repose la bénédiction du ciel. Ce bon vieillard en était la preuve; car il lui restait de son mariage une fille nommée Griselidis, parfaitement belle de corps, mais l'âme encore plus belle, qui soutenait doucement et soulageait sa vieillesse. Dans le jour, elle allait garder quelques brebis qu'il avait; le soir, lorsqu'elle les avait ramenées à l'étable, elle lui apprêtait son chétif repas, le levait ou le couchait sur son pauvre lit. Enfin, tous les services et tous les soins qu'une fille doit à son père, la vertueuse Griselidis les rendait au sien.

Depuis longtemps le marquis de Saluces avait été informé, par la renommée commune, de la vertu et de la conduite respectable de cette fille. Souvent, en allant à la chasse, il lui était arrivé de s'arrêter pour la regarder, et dans son cœur il avait déjà déterminé que, si jamais il lui fallait choisir une épouse, il ne prendrait que Griselidis.

III

Mariage du marquis de Saluces.

Cependant le jour qu'il avait fixé pour ses noces arriva, et le palais se trouva rempli de dames, de chevaliers, de bourgeois et de gens de tous les états; mais ils avaient beau se demander les uns aux autres où était l'épouse de leur seigneur, aucun ne pouvait répondre. Lui alors, comme s'il eût voulu aller au-devant d'elle, sortit de son palais, et tout ce qu'il y avait de chevaliers et de dames le suivit en foule. Il se rendit ainsi au village chez le pauvre homme Janicola, auquel il dit : « Janicola, je sais que tu m'as toujours aimé; j'en exige de toi une preuve aujourd'hui : c'est de m'accorder ta fille en mariage »

Le pauvre homme, interdit à cette proposition, répondit humblement : « Sire, vous êtes mon maître, mon seigneur, et je dois vouloir ce que vous voulez. »

La jeune fille, pendant ce temps, était debout auprès de son vieux père, toute honteuse, car elle n'était pas accoutumée à recevoir un pareil hôte dans sa maison. Le marquis lui adressant la parole : « Griselidis, dit-il, je veux vous prendre pour mon épouse; votre père y consent, et je me flatte d'obtenir aussi votre aveu ; mais auparavant, répondez-moi à une demande que je vais vous faire devant lui. Je désire une femme qui me soit soumise en tout, qui ne veuille jamais que ce que je voudrai, et qui, quels que soient mes caprices ou mes ordres, soit toujours prête à les exécuter. Si vous devenez la mienne, consentez-vous à observer ces conditions ? »

Griselidis lui répondit : « Monseigneur, puisque telle est votre volonté, je ne ferai ni ne voudrai jamais que ce qu'il vous aura plu de me commander; quand bien même vous ordonneriez ma mort, je vous promets de la souffrir sans me plaindre.

— Il suffit, » dit le marquis

En même temps il la prit par la main, et, sortant de la maison, il alla la présenter à ses barons et à son peuple : « Mes amis, voici ma femme, voici votre dame, que je vous prie d'aimer et d'honorer, si vous m'aimez moi-même. »

Après ces paroles, il la fit mener au palais, où les matrones la dépouillèrent de ses habits rustiques pour la parer de riches étoffes et de tous les ornements nuptiaux. Elle rougissait, elle était toute tremblante, et vous n'en serez pas surpris.

IV

Noces de Griselidis.

Le mariage et les noces furent célébrés le jour même. Le palais retentissait de toutes sortes d'instruments. De tous côtés on n'entendait que des cris de joie, et les sujets, ainsi que leur seigneur, paraissaient enchantés.

Jusque-là Griselidis s'était fait estimer par une conduite vertueuse; dès ce moment, douce, affable, obligeante, elle se fit aimer encore plus qu'on ne l'estimait, et, soit parmi ceux qui l'avaient connue avant son élévation, soit parmi ceux qui ne la connurent qu'après, il n'y eut personne qui n'applaudît à sa fortune.

Au bout d'une année elle donna à son époux une fille qui promettait d'être un jour aussi belle que sa mère. Quoique le père et les vassaux eussent plutôt désiré un fils, il y eut cependant par tout le pays de grandes réjouissances.

V

Première épreuve de Griselidis

L'enfant fut nourrie au palais par sa mère ; mais, dès qu'elle fut sevrée, Gautier, qui depuis longtemps s'occupait du projet d'éprouver son épouse, quoique de jour en jour, charmé de ses vertus, il l'aimât davantage, entra dans sa chambre en affectant l'air d'un homme troublé, et lui tint ce discours : « Griselidis, tu n'as point oublié sans doute quelle fut ta première condition avant d'être élevée au rang de mon épouse. Pour moi, j'en avais presque perdu la mémoire, et ma tendre amitié dont tu as reçu tant de preuves t'en assurait. Mais depuis quelque temps mes barons murmurent. Ils se plaignent hautement d'être destinés à devenir un jour les vassaux de la petite-fille de Janicola ; et moi, dont l'intérêt est de ménager leur amitié, je me vois forcé de leur faire ce sacrifice douloureux qui coûte tant à mon cœur. Je n'ai point voulu m'y résoudre cependant sans t'en avoir prévenue, et je viens demander ton aveu et t'exhorter à cette patience que tu m'as promise avant d'être mon épouse.

— Cher sire, répondit humblement Griselidis, sans laisser paraître sur son visage aucun signe de douleur, vous êtes mon seigneur et mon maître ; ma fille et moi nous vous appartenons, et, quelque chose qu'il vous plaise ordonner de nous, jamais rien ne me fera oublier l'obéissance et la soumission que je vous ai vouées et que je vous dois. »

VI

Constance de Griselidis.

Tant de modération et de douceur étonnèrent le marquis. Il se retira avec l'apparence d'une grande tristesse ; mais, au fond du cœur, il était plein d'amour et d'admiration pour sa femme. Quand il fut seul, il appela un vieux serviteur attaché à lui depuis trente ans, auquel il expliqua son projet et qu'il envoya ensuite chez la marquise. « Madame, dit le serviteur, daignez me pardonner la triste mission dont je suis chargé ; mais monseigneur demande votre fille. »

A ces mots Griselidis, se rappelant le discours que lui avait tenu le marquis, crut que Gautier envoyait prendre sa fille pour la faire mourir. Elle étouffa néanmoins sa douleur, retint ses larmes, et, sans faire la moindre plainte ni même pousser un soupir, alla prendre l'enfant dans son berceau, la regarda longtemps avec tendresse ; puis, lui ayant fait le signe de la croix sur le front et la baisant pour la dernière fois, elle la livra au sergent.

Celui-ci vint raconter à son maître l'exemple de courage et de soumission dont il venait d'être témoin. Le marquis ne pouvait se lasser d'admirer la vertu de sa femme ; mais lorsqu'il vit pleurer dans ses bras cette belle enfant, son cœur fut ému et peu s'en fallut qu'il ne renonçât à sa cruelle épreuve. Cependant il se remit et commanda au vieux serviteur d'aller à Boulogne porter secrètement sa fille chez la comtesse d'Empêche, sa sœur, en la priant de la faire élever sous ses yeux, mais de façon à ce que personne au monde, pas même le comte son mari, ne pût avoir connaissance de ce mystère. Le serviteur exécuta fidèlement sa commission. La comtesse se chargea de l'enfant et la fit élever en secret, comme le lui recommandait son frère.

Depuis cette séparation, le marquis vécut avec sa femme comme auparavant. Souvent il lui arrivait d'observer son visage et de chercher à lire dans ses yeux, pour voir s'il y démêlerait quelque signe de ressentiment ou de douleur. Mais il eut beau examiner, elle lui témoigna toujours le même amour et le même respect. Jamais elle ne montra l'apparence de la tristesse et, ni devant lui ni même en son absence, ne prononça une seule fois le nom de sa fille.

VII

Seconde épreuve de Griselidis.

Quatre années se passèrent ainsi, au bout desquelles elle mit au monde un enfant mâle qui acheva de combler le bonheur du père et la joie des sujets. Elle le nourrit de son lait comme l'autre. Mais, quand ce fils bien-aimé eut deux ans, le marquis voulut le faire servir à encore éprouver la patience de Griselidis, à laquelle il vint tenir à peu près les discours qu'il lui avait tenus autrefois au sujet de sa fille.

Quelle mortelle douleur dut ressentir en ce moment cette femme incomparable, quand, se rappelant qu'elle avait déjà perdu sa fille, elle vit qu'on allait faire mourir encore ce fils, son unique espérance et le seul enfant qu'elle croyait lui rester! Quelle est, je ne dis pas la mère tendre, mais même l'étrangère qui, à une telle sentence, eût pu retenir ses larmes et ses cris? Reines, princesses, marquises, femmes de tous les états, écoutez la réponse de celle-ci à son seigneur, et profitez de l'exemple.

« Cher sire, dit-elle, je vous l'ai juré autrefois et je vous le jure encore : je ne voudrai jamais que ce que vous voudrez. Quand, en entrant dans votre palais, je quittai mes pauvres habits, je me défis en même temps de ma propre volonté pour ne plus connaître que la vôtre. Que ne m'est-il possible de la deviner avant qu'elle s'explique? vous verriez vos moindres désirs prévenus et accomplis. Ordonnez de moi maintenant tout ce qu'il vous plaira. Si vous voulez que je meure, j'y consens; car la mort n'est rien auprès du malheur de vous déplaire. »

Gautier était de plus en plus étonné. Un autre qui eût moins connu Griselidis eût pu croire que tant de fermeté d'âme n'était qu'insensibilité; mais lui qui, pendant qu'elle nourrissait ses enfants, avait été mille fois témoin de sa tendresse pour eux, il ne pouvait attribuer son courage qu'à l'amour dévoué qu'elle avait pour lui. Il envoya, comme la première fois, son sergent fidèle prendre l'enfant, et le fit porter à Boulogne, où il fut élevé avec sa petite sœur.

VIII

Troisième épreuve de Griselidis.

Après deux aussi terribles épreuves, Gautier eût bien dû se croire sûr de sa femme et se dispenser de l'affliger davantage. Mais il est des cœurs soupçonneux que rien ne guérit; qui, lorsqu'une fois ils ont commencé, ne peuvent plus s'arrêter, et pour lesquels la douleur des autres est un plaisir délicieux. Non-seulement la marquise paraissait avoir oublié son double malheur, mais de jour en jour Gautier la trouvait plus soumise, plus caressante et plus tendre. Et néanmoins il se proposait de la tourmenter encore.

Sa fille avait douze ans; son fils en avait huit. Il voulut les faire revenir auprès de lui, et pria la comtesse sa sœur de les lui ramener. En même temps il fit courir le bruit qu'il allait répudier sa femme pour en prendre une autre.

Bientôt cette barbare nouvelle parvint aux oreilles de Griselidis. On lui dit qu'une jeune personne de haute naissance, belle comme une fée, arrivait pour être marquise de Saluces. Si elle fut consternée d'un pareil événement, je vous le laisse à penser; cependant elle s'arma de courage et attendit que celui à qui elle devait obéir voulût donner ses ordres. Il la fit venir, et, en présence de quelques-uns de ses barons, il lui parla ainsi :

« Griselidis, depuis plus de douze ans que nous habitons ensemble, je me suis plu à t'avoir pour compagne, parce que je considérais ta vertu plus que ta naissance; mais il me faut un héritier : mes vassaux l'exigent, et Rome permet que je prenne une autre épouse. Elle arrive dans quelques jours.

Ainsi prépare-toi à te retirer; emporte ton douaire et rappelle tout ton courage.

— Monseigneur, lui répondit Griselidis, je n'ignore pas que la fille du pauvre Janicola n'était pas faite pour devenir votre épouse; et, dans ce palais dont vous m'avez rendue la dame, je prends Dieu à témoin de ce que tous les jours, en le remerciant de cet honneur, je m'en reconnaissais indigne. Je laisse sans regret, puisque telle est votre volonté, les lieux où j'ai demeuré avec tant de plaisir, et je m'en retourne mourir dans la cabane qui me vit naître. Là, je pourrai rendre encore à mon vieux père des soins que j'étais forcée, malgré moi, de laisser à des mains étrangères. Quant au douaire dont vous me parlez, vous savez, sire, qu'avec un cœur chaste je ne pus vous apporter que pauvreté, respect et amour. Tous les habillements dont je suis vêtue, je vous les dois; ils sont à vous. Permettez que je les quitte et que je reprenne les miens que j'ai conservés. Voici l'anneau que vous m'avez donné en me prenant pour femme. Je sortis pauvre de chez mon père; j'y rentrerai pauvre, et ne veux y porter que l'honneur d'être l'irréprochable veuve d'un tel époux. »

IX

Admirable patience de Griselidis.

Le marquis fut tellement ému qu'il ne put retenir ses larmes et qu'il fut obligé de sortir pour les cacher. Griselidis quitta ses beaux vêtements, ses joyaux, ses ornements de tête : elle reprit ses habits rustiques et se rendit à son village, accompagnée d'une foule de barons, de chevaliers et de dames qui fondaient en larmes et regrettaient tant de vertus. Elle seule ne pleurait point. Elle marchait silencieuse, les yeux baissés.

On arriva ainsi chez Janicola, qui ne parut point étonné. De tout temps ce mariage lui avait paru suspect, et il s'était toujours douté de ce qui devait arriver. Le vieillard embrassa tendrement sa fille, et, sans témoigner ni courroux ni douleur, il remercia les dames et les chevaliers qui l'avaient accompagnée, et les exhorta à bien aimer leur seigneur et à le servir loyalement. Imaginnez quel chagrin ressentait intérieurement le bon Janicola quand il songeait que sa fille, après un si long temps de plaisir et d'abondance, allait, le reste de sa vie, manquer de tout. Quant à Griselidis, elle ne semblait pas y penser, et c'était elle qui ranimait le courage de son père.

X

Griselidis reçoit la récompense de ses vertus.

Cependant le comte et la comtesse d'Empêche, suivis d'un grand nombre de chevaliers et de dames, allaient arriver avec les deux enfants. Déjà ils n'étaient plus qu'à une journée de Saluces. Le marquis, pour consommer la dernière épreuve, envoya chercher Griselidis, qui vint aussitôt à pied et en habit de paysanne. « Fille de Janicola, lui dit-il, demain arrive ma nouvelle épouse, et, comme personne dans mon palais ne connaît aussi bien que toi ce qui peut me plaire, et que je souhaite la bien recevoir, ainsi que mon frère, ma sœur et toute la chevalerie qui les accompagne, j'ai voulu te charger des soins de l'hospitalité qui les attend.

— Sire, répondit-elle, je vous ai de telles obligations que, tant que Dieu me laissera des jours, je me ferai un devoir d'exécuter ce qui pourra vous faire plaisir. »

Elle alla aussitôt donner des ordres aux officiers et aux domestiques. Elle-même aida aux divers travaux et prépara la chambre nuptiale, ainsi que le lit destiné à celle dont l'arrivée l'avait fait chasser. Quand la jeune personne parut, loin de laisser échapper à sa vue quelque signe d'émotion, loin de rougir des haillons sous lesquels elle se montrait à ses yeux, elle alla au-devant d'elle, la salua respectueusement et la conduisit dans son appartement. Par un instinct secret dont elle ne devinait pas la raison, elle se plaisait dans la compagnie des deux enfants; elle ne pouvait se lasser de les regarder et louait sans cesse leur beauté.

L'heure du festin arrivée, lorsque tout le monde fut à table, le marquis la fit venir, et lui montrant la jeune fille, qui était vêtue avec une éblouissante richesse, il lui demanda ce qu'elle en pensait. « Monseigneur, répondit-elle, vous ne pouviez la choisir plus belle et plus aimable, et, si Dieu exauce les prières que je ferai tous les jours pour vous deux, vous serez heureux ensemble. Mais, de grâce, sire, épargnez-lui les douloureuses blessures qui ont ensanglanté mon cœur. Plus jeune et plus délicatement élevée, elle ne saurait peut-être pas y résister; elle en mourrait. »

A ces mots, des larmes s'échappèrent des yeux du marquis. Il ne put dissimuler davantage, et, admirant cette douceur inaltérable et cette vertu que rien n'avait pu lasser, il s'écria : « Griselidis, ma chère Griselidis, c'en est trop. J'ai fait, pour éprouver ton amour, plus que jamais homme sous le ciel n'a osé imaginer, et je n'ai trouvé en toi qu'obéissance, tendresse, fidélité. »

Alors il s'approcha de Griselidis qui, modestement

humiliée de ces louanges, avait baissé la tête. Il la serra dans ses bras et, l'arrosant de ses larmes, il ajouta en présence de cette nombreuse assemblée : « Femme incomparable, oui, toi seule au monde tu es digne d'être mon épouse, et tu seras ma femme chérie à jamais. Tu m'as cru le bourreau de tes

enfants. Ils vivent, ma sœur nous les ramène; ce sont eux. Regarde-les; c'est ta fille, c'est ton fils. Et vous, mes enfants, venez vous jeter aux genoux de votre mère. »

Griselidis ne put supporter tant de joie à la fois. Elle tomba sans connaissance. Quand les secours qu'on lui prodigua lui eurent fait reprendre ses sens, elle prit les deux enfants, les couvrit de baisers et de larmes et les tint longtemps serrés sur son cœur. On eut de la peine à les lui arracher. Tout le monde pleurait dans l'assemblée; on n'entendait que des cris de joie et d'admiration, et cette fête, ce festin qu'avait préparé l'amour du marquis, devint un triomphe pour Griselidis.

Gautier fit venir au palais de Saluces le vieux Janicola, qu'il n'avait paru négliger que pour éprouver sa femme et qu'il honora le reste de sa vie.

Les deux époux vécurent encore vingt ans, dans l'union et la concorde la plus parfaite. Ils marièrent leurs enfants, dont ils virent les héritiers; et, après eux, leur fils hérita du marquisat, à la grande joie de leurs sujets.

  La patience chez les femmes
   A quelque chose de divin;
C'est une tendre fleur qui fleurit dans les âmes
Et, plus blanche que lis, que muguet et jasmin,
  S'épanouit en fraîcheur angélique;
  Mais quelle est celle qui se pique
   D'imiter Griselidis?
Sans doute les essais de Gauthier sont hardis.
Et peut-être que trop il a tourmenté celle
  Qu'il aimait au fond de son cœur;
Mais qui se fût conduite en épouse fidèle,
Comme Griselidis avecque son seigneur?

LE JUIF ERRANT

NOTICE.

> Est-il rien sur la terre
> Qui soit plus surprenant
> Que la grande misère
> Du pauvre Juif Errant?
> Que son sort malheureux
> Paraît triste et fâcheux!

La complainte de Berquin a rendu populaire en France cette misère extrême d'Isaac Ahasvérus Laquedem. Les Allemands ont diverses légendes qui sont le récit de ses malheurs; mais j'avoue que celles que j'ai lues ne m'ont donné nulle envie de les imiter. La plus mauvaise est celle qui s'imprime peut-être encore à Montbéliard ou à Troyes, et qu'on rencontre quelquefois sur les quais, tristement enveloppée d'un papier bleu. Il n'y a là ni esprit, ni grâce, ni imagination, rien qui charme ou qui effraye

D'autres peuvent montrer le Juif errant poursuivi par le remords et par les visions terribles; j'ai tout uniment parlé des premiers jours de sa punition et raconté la lutte qu'il a eu à subir contre les premiers coups de son infortune. Peut-être eût-il été assez facile et très-naturel, poursuivant ce récit, de traverser les siècles et les générations, et de tracer à grands traits une intéressante histoire de l'humanité moderne. Toute modeste est cette peinture qui n'a point songé à être un tableau.

> Depuis dix-huit siècles, hélas!
> Sur la cendre grecque et romaine,
> Sur les débris de mille États,
> L'affreux tourbillon me promène.
> J'ai vu sans fruit germer le bien,
> Vu des calamités fécondes,
> Et, pour survivre au monde ancien,
> Des flots j'ai vu sortir deux mondes.

Voilà ce que dit le Juif errant de Béranger, et ce qu'on n'a point paraphrasé ici.

Même dans le cadre étroit que j'ai choisi, je pouvais m'étendre, et du moins je pouvais agiter la couleur. Ceux qui désirent des dessins plus énergiques et des scènes plus puissamment peintes sont servis à souhait. Depuis que ce volume modeste a paru, il a été donné au public une série de grandes gravures sur bois qui forment la légende illustrée du *Juif errant*. Le texte est de Pierre Dupont et de Paul Lacroix. Mon camarade de collège Gustave Doré a dessiné ces planches; son imagination si riche, si active, a jeté là feu et flammes.

Je lui ai emprunté l'idée de mon dernier chapitre.

LE JUIF ERRANT.

I

Le Juif errant chasse Jésus-Christ qui a besoin de se reposer un instant sous le faix de sa croix.

Le Christ, condamné, portait sa croix sur le Calvaire. Autour de lui se pressaient quelques amis timides et d'implacables ennemis; les uns dissimulaient leur douleur, les autres exagéraient la violence de leur joie et se répandaient en invectives et en outrages. Comme à l'heure à jamais terrible où le Christ expira sur la croix, le soleil s'était caché, de longs nuages noirs avaient en-

vahi le ciel de toutes parts; il brillait des éclairs qui se détachaient lentement du sein de ces nuées;

les sifflements du vent et les rafales subites jetaient la terreur dans les âmes. Malgré le vent et la pluie, l'air était lourd et on étouffait. Chacun était à la porte de sa maison, attendant le passage du Christ. Isaac Laquedem l'attendait comme tout le monde. Au moment où un éclair plus brillant que les autres venait de déchirer la voûte du ciel, il entendit des cris sauvages et quelques gémissements : c'était le cortége de Jésus qui s'avançait. La figure du Fils de Dieu ruisselait de sang et de sueur; une poussière épaisse couvrait ses cheveux; ses mains tremblantes serraient le bois de la croix fatale; il pliait sous le fardeau, il semblait près de tomber, près d'expirer à chaque pas; et toutefois il marchait toujours sans murmure, l'œil plein d'une douceur divine, et rien dans sa douleur n'avait altéré les sources de sa bonté. Il allait passer devant la boutique du cordonnier, lorsque, apercevant devant elle un escabeau, il s'approcha et fit un geste pour indiquer qu'il désirait s'y reposer un instant. Je ne sais quelle férocité soudaine s'empara de l'âme du maître de l'escabeau; la peur le fit lâche, et la lâcheté cruel : « Lève-toi, dit-il au Christ, et continue à suivre la route jusqu'au gibet, fils de Dieu, Messie, rédempteur des hommes, roi des Juifs. Je ne veux pas que le seuil de ma maison soit souillé aujourd'hui. »

Un centurion qui se trouvait derrière lui fit entendre un gros rire qui parut une marque d'approbation ; mais le Christ, regardant fixement le Juif si lâchement cruel, dit : « Isaac Laquedem, parce que tu n'as pas eu pitié de moi, tu marcheras sans repos jusqu'à l'heure du jugement dernier. »

II
Le Juif errant commence son voyage.

Ceux qui étaient autour du Christ se mirent à rire aux éclats, et il y eut un de ses persécuteurs qui vint le tirer par les cheveux pour le forcer à hâter sa marche ; mais Isaac, condamné dès ce moment à son voyage lamentable, se sentit atteint au cœur par la parole divine et resta sans voix, épouvanté, plein d'horreur.

Son père et sa mère vivaient encore ; mais il ne s'était pas marié jusqu'alors, et il était seulement sur le point de se donner une épouse, suivant les préceptes de Jéhovah.

Il se passa un temps pendant lequel il ne vit rien et n'entendit rien. Lorsqu'il sortit de cet éblouissement et de cette épouvante, sa main chercha d'elle-même un bâton, ses yeux se portèrent sur la route, et ses jambes, malgré lui, marchèrent. Il essaya de résister à la force qui l'entraînait et au moins voulut fermer sa boutique ; mais aucun effort de sa volonté ne put contraindre son corps à lui obéir : il lui fallut marcher en avant sans se détourner et abandonner le lieu où il avait vécu, où il avait espéré devenir riche, où il voulait mourir. Au bout de quelques moments, il rencontra son père et sa mère qui, instruits par la rumeur publique de l'aventure qui lui était arrivée, accou-

raient auprès de lui. Ils le virent l'œil morne, les cheveux hérissés, le front couvert de sueur, n'essayant plus de lutter contre la malédiction du Christ et emporté dans une course qui ne devait plus s'interrompre. Ils s'approchèrent et l'embrassèrent en pleurant; il ne les a pas revus depuis.

Saisis de crainte, ils restèrent quelques jours dans un état voisin de la mort; l'appareil du supplice de Jésus les convertit à la doctrine prêchée par le Rédempteur ; ils sont morts chrétiens.

III

La première nuit d'angoisses.

Poursuivant sa course involontaire, Isaac Laquedem s'achemina vers le Sud. Le soir le surprit bientôt. Comment exprimer l'état d'angoisses dans lequel se trouvaient toute son âme et sa chair elle-même ? Esclave d'une volonté mystérieuse, et dépouillé du pouvoir que tout homme a reçu sur ses membres, il vivait d'une vie nouvelle et passait comme un étranger, comme une matière, au milieu des hommes. Il sentait qu'il avait été précipité dans un abîme sans fond, et toutefois il ne pouvait se résoudre à quitter toute espérance.

La nuit venue, il lui sembla que le supplice allait cesser et qu'il rentrerait par le sommeil en possession du repos qu'il avait perdu. Il était fatigué par une longue marche ; il entra dans une hôtellerie à Jethira, vers les confins du pays de Juda et non loin de l'ancienne Idumée. Sa physionomie avait quelque chose de surnaturel ; on le fuyait comme une bête fauve ; en vain il cria plusieurs fois pour qu'on lui apportât à manger et à boire : nul ne se présenta ; il fut lui-même obligé de préparer son repas en se servant des ustensiles de la maison. Lorsqu'il eut achevé, il s'assit devant une table et commença à dîner; il ne resta pas assis plus de quelques secondes; ses jarrets détendus se roidirent tout à coup; un malaise accablant l'envahit, et il fut obligé de se lever. Il vit alors que nul remède ne viendrait guérir son mal, et qu'il était à jamais perdu; il versa ce soir-là plus de larmes que Rachel n'en versa lorsque ses enfants moururent; enfin il mangea debout. Cependant la fatigue amenait le sommeil : il se coucha; mais, plus vite encore qu'au moment où il s'était assis, les mêmes douleurs reparurent, et il se remit en route. Toute la nuit, il continua à marcher vers le Sud, lassé, brisé par la fatigue, et cependant marchant toujours. Quel sort que le sien! il détestait son crime, il avait le cœur déchiré lorsqu'il songeait au supplice de Jésus et à la brutalité de ses paroles. Le voilà donc en route pour un voyage sans fin, ne choisissant pas toujours son chemin, poussé irrésistiblement d'une colline vers une autre colline et d'un pays vers l'autre.

Il lui vint à l'esprit une pensée qui ne laissa pas d'accroître son effroi : il n'avait pas un denier. Est-ce qu'il était aussi condamné à la pauvreté éternelle? est-ce qu'il ne devait pas avoir de quoi payer du pain, de quoi payer un verre d'eau? et, faute de pain et d'eau, était-il destiné à marcher toujours sans manger ni boire, torturé par la faim et par la soif, comme il était déjà écrasé sous son désespoir et fouetté par la fatigue? Sa main s'étant alors glissée dans sa tunique, il sentit une pièce de monnaie : c'était un double denier frappé à l'effigie de Tibère[1], qui valait à peu près ce que valent cinq sous de France.

IV

Le Juif errant est précipité du haut d'un chameau en Arabie.

Il était arrivé dans les sables du désert de l'Arabie Pétrée. Le soleil, levé de grand matin, avait de toutes parts échauffé ces plaines effroyables, et, par intervalles, de longs tourbillons de poussière l'enveloppaient et desséchaient son gosier. Il souffrait un tourment mille fois plus cruel que la mort. Néanmoins il marchait toujours, trempé de sueur et vacillant. Ce supplice dura presque toute la journée. Enfin, vers le soir, il rencontra quelques chameliers et leur demanda un peu d'eau et un peu de pain ; ils lui offrirent un gâteau d'orge et une outre dans laquelle était une boisson fermentée. Pendant qu'il se rafraîchissait, l'un d'eux, touché en voyant quelle était sa lassitude, le prit entre ses bras et le plaça sur la selle de sa monture. A peine l'avait-il assis, que le chameau se cabra et s'agita

---

1. La Judée était alors une province de l'empire romain, et Tibère régnait à Rome depuis dix-neuf ans.

comme s'il avait eu sur le dos une masse de fer rouge; on essaya de le calmer : il s'emporta, il devint furieux. Et une voix retentit dans l'immensité du désert : *Marche, marche, marche!* En entendant ces paroles, les chameliers furent épouvantés; ils firent descendre Laquedem, et bientôt ils disparurent.

V

Le Juif errant s'aperçoit qu'il a toujours cinq sous dans sa poche.

Un nouveau fardeau de misère s'était appesanti sur le Juif errant. Il regarda de tous côtés, cherchant l'ombre des palmiers solitaires, implorant la miséricorde divine, priant et pleurant; mais nul ombrage n'apparut, et il s'avança vers l'occident. Toute la nuit il marcha encore. Le lendemain, il trouva sur sa route, au milieu du jour, une citerne et quelques dattes. Trois jours se passèrent ainsi. Vers la fin du troisième jour, il était arrivé vers les bords de l'ancien canal de Ptolémée, au fond du golfe Héroopolite[1], et il avait traversé les régions silencieuses au travers desquelles Moïse promena quarante ans les Hébreux. Au moment de mettre le pied sur le sol de l'Égypte, il s'arrêta dans un village chétif, et, tirant de sa poche son double denier, il

1. A l'extrémité septentrionale de la mer Rouge.

acheta un peu de nourriture. A peine l'avait-il payée que, remettant la main dans sa poche, il sentit une autre pièce de monnaie ; il crut qu'il n'avait pas donné d'argent à celui qui lui avait vendu du pain et des oignons cuits sous la cendre, et, sans la regarder, il lui présenta encore la pièce. L'homme la rendit en disant qu'il n'avait pas besoin d'être payé deux fois. Isaac regarda alors la pièce que Dieu lui envoyait, et il vit que c'était une monnaie égyptienne, ce qui lui fit d'abord quelque plaisir ; mais bientôt, lorsqu'il y eut mieux pensé, sa douleur s'en augmenta. S'il devait ainsi trouver toujours dans sa poche une petite somme suffisante pour un repas, il était protégé contre la faim et délivré d'une bien grande inquiétude ; mais aussi il s'apercevait bien clairement de la certitude de son châtiment : Dieu ne lui donnait les moyens de vivre que pour le pousser sans relâche et toujours en avant.

VI

Le Juif errant se croit riche.

Chemin faisant, il fut saisi par une mauvaise idée qui lui fut certainement inspirée par le Tentateur : « Puisque nul pardon ne me doit venir, se disait-il, et qu'il ne m'est pas permis d'espérer ma rentrée en grâce, je n'ai rien à perdre en tirant parti de l'étrangeté même de ma peine; et certain, comme je le suis, de trouver toujours dans ma poche une pièce de monnaie, je ne vois pas pourquoi je n'achèterais pas tout ce qu'il me plaira d'acquérir. »

Il se mit donc à examiner avec lui-même ce qu'il avait de mieux à faire pour donner quelques consolations à sa course fatale et émerveiller les hommes au milieu desquels il passait; il résolut, s'il allait dans la ville d'Alexandrie, de se présenter devant le proconsul et de lui demander ses plus riches parures, ses esclaves, ses femmes, son palais. Au bout de deux jours et de deux nuits de marche, il arriva en effet dans la ville d'Alexandrie, où il trouva un peuple nombreux de négociants qui faisaient charger sur des vaisseaux des soieries, des parfums et des bois précieux venus de l'Inde. On ne fit pas attention à lui, parce que toutes les nations de l'univers se rencontraient sur ce marché et qu'il y avait divers Juifs : aussi lui fut-il facile d'arriver jusqu'au proconsul, et, traversant le pompeux cortége dont était entouré le magistrat souverain, ses licteurs, ses capitaines, ses soldats, il s'approcha de son char et lui dit : « Seigneur, auriez-vous quelque répugnance à me vendre votre manteau de pourpre? »

Il s'essaya par cette question. Le proconsul lui jeta un regard dédaigneux et passa. Quelqu'un lui ayant parlé, il fit un signe au Juif errant, et, lui jetant son manteau, il lui en demanda dix mille grands sesterses. « Les voici, répondit Isaac ; mais je ne puis les payer qu'en petite monnaie. »

Et il tira de sa poche une petite pièce qu'il déposa dans le bouclier d'un soldat ; il voulut pren-

dre une seconde pièce, mais il ne trouva plus rien. Une sueur subite coula sur son visage pâli, et la voix qui avait parlé dans le désert parla encore : « Cet homme s'est moqué du ciel et de vous, » disait-elle. Aussitôt, sur un geste du proconsul, il fut pris et fouetté de verges. Le sang jaillit de ses membres ; quand il eut été fustigé, on voulut le mettre sur une claie pour le conduire en prison : la claie se rompit, et il marcha jusqu'au cachot qui lui était assigné.

VII

Le Juif errant est jeté dans un cachot.

Il paraîtra sans doute extraordinaire que le Juif errant ait éprouvé quelque plaisir, après avoir été fouetté si cruellement, à se voir conduire en prison « Voyons, se disait-il, si la justice des hommes sera d'accord avec la justice de Dieu. » Puisque Jésus l'avait condamné à ne se reposer jamais, il était évident que les murailles du cachot devaient s'ouvrir devant lui et lui livrer passage dès qu'on aurait fermé sur lui les portes de fer et barricadé les balustrades à triples verrous. Le geôlier l'ayant conduit dans une basse-fosse humide, l'y laissa à côté d'un grabat et d'une pierre sur laquelle étaient un pain et une cruche. Il attendit avec impatience qu'on l'eût enfermé pour voir s'opérer le miracle sur lequel il comptait pour frapper les gens de terreur. Aucun bruit ne se fit entendre ; il sonda la muraille ; elle était épaisse et solide. Las de regarder les quatre coins de son cachot, il commençait à croire que la fin de ses maux était arrivée et que son voyage éternel était remplacé par la perpétuelle prison, et, à cause de cela, il se réjouissait comme un enfant. Mais la parole de Jésus devait s'accomplir tout entière. Dans ce cachot étroit il ne put ni s'asseoir ni se coucher; il lui fallut marcher, marcher, marcher encore, marcher toujours. Il n'avait pas encore jusque-là trouvé son châtiment aussi rude; car, entre ces murailles, il ne pouvait que faire deux ou trois pas, et cette agitation constante, resserrée dans un espace limité par des murs, lui fit si vivement bouillir le sang dans les veines, qu'un nuage obscurcit bientôt sa vue et que, pris d'une folie douloureuse, il marcha en frémissant, en rugissant, en poussant des cris sauvages, l'écume sur les lèvres, l'œil en dehors de l'orbite, les cheveux secs et droits, enveloppé d'un air brûlant, mordu par mille morts sans cesse renaissantes, à la fois dévoré et nourri par la fièvre.

J'ignore combien de temps il passa dans le cachot. Probablement qu'on fut effrayé lorsqu'on le vit dans ces tortures et qu'on le fit sortir pour le jeter dans les déserts qui longent la mer du côté des Syrtes.

VIII

Le Juif errant au milieu des bêtes féroces.

Presque chaque jour lui avait révélé une torture plus cruelle que toutes les tortures dont il avait déjà été victime. Lorsqu'il se vit encore une fois au milieu des plaines de sable et livré comme un jouet aux vents furieux qui bouleversent à chaque instant le sol mouvant de ces solitudes, son désespoir fut si grand qu'il insulta Dieu et le défia de le faire mourir. A peine avait-il prononcé le défi criminel, qu'une pierre tomba du ciel sur sa tête et lui déchira la joue. Il comprit que Dieu le punissait de ses impuissantes colères. Un peu plus loin, il aperçut sur le bord de la mer, le long d'une petite rivière, d'énormes crocodiles qui avaient tous la gueule ouverte et qui aspiraient doucement la fraîcheur de la brise. Après avoir frémi d'un frisson qu'il ne put vaincre sur-le-champ, il s'approcha de ces monstres, bien résolu à les irriter jusqu'à ce qu'ils l'eussent mis en pièces. Il lança un caillou sur le crâne du premier qu'il rencontra; le crocodile roula sa prunelle sanglante sous sa paupière et ne bougea pas. Laquedem marcha vers un second crocodile, et lui prit avec la main un de ses terribles crochets; la bête fit un mouvement qui le blessa au bras et ne ferma pas la gueule. Furieux, il se précipita sur le troisième et s'assit dans sa gueule même; le crocodile se recula en renversant ses mâchoires et le laissa sur le sol. Il se releva et courut au travers des autres crocodiles, sans faire la moindre attention à la manière dont il les heurtait; ils se retirèrent tous et peu à peu se cachèrent dans les roseaux et les grands feuillages qui bordaient la rivière. Plus loin, deux lions buvaient. Il s'avança vers eux et, comme il l'avait fait en s'approchant des crocodiles, il leur lança un caillou. Un éclair de joie traversa son cœur. Les lions l'avaient aperçu, ils bondirent; il sentit l'haleine chaude de l'un d'eux; la crinière du lion fouetta

son visage, son flanc froissa ses épaules; mais il n'éprouva aucune douleur et il n'eut pas le bonheur de se voir englouti, brisé, dévoré. Un mouvement étrange avait dérangé les lions dans leur élan; ils se retirèrent, en rugissant, dans le silence et dans l'ombre.

IX

Le Juif errant se précipite du haut d'un rocher

Voyant avec épouvante que les bêtes féroces le respectaient et qu'elles-mêmes reconnaissaient en lui la proie marquée du Dieu vengeur, il ne compta plus que sur lui-même pour en finir avec les horreurs de sa vie. Il chercha de l'œil, au travers de la nuit qui était venue et se faisait noire, une pointe escarpée, surplombant du haut du rivage sur les eaux profondes. Il en découvrit une et la gravit. Une fois qu'il se trouva à l'extrémité de ce promontoire élevé, il quitta tous ses vêtements, et, la tête la première, se lança dans le gouffre. Il y avait près de cinq cents pieds de distance entre le point d'où il s'était précipité et celui où il atteignit la mer : il franchit cet espace avec la rapidité d'une flèche, sans perdre aucunement connaissance, la tête libre, et n'éprouvant rien autre chose qu'une sensation de fraîcheur extraordinaire. Les flots s'entr'ouvrirent avec fracas; l'onde rejaillit en gerbes, et il descendit jusqu'au fond de l'abîme, plus lentement et avec une fraîcheur moins grande. Il ne faisait aucun mouvement, aucun geste pour se sauver; les lames le prirent sept ou huit fois et le jetèrent contre des écueils et sur le pied de la falaise; elles le reprirent, l'éloignèrent, le balancèrent encore; il avait à la fin perdu tout empire sur sa raison, et voyant, lorsque par hasard il arrivait à fleur d'eau, qu'une tempête s'était déchaînée, que les vagues déferlaient en hurlant sous un ciel sillonné de coups de foudre, il se crut une fois encore arrivé à l'heure de la délivrance; mais il ne se reposait pas, et la volonté

de Dieu était accomplie. Vingt fois, cent fois, mille fois saisi et rejeté par les vagues, mille fois brisé contre les roches, il alla enfin tomber sur le sable d'un rivage uni, et il ne fut pas plutôt étendu sur cette plage que, redressé subitement, il se mit en route et remonta sur la falaise. Le pouvoir qui pesait sur sa volonté lui fit reprendre ses vêtements; après quoi, ruisselant de sang et d'écume, il marcha encore, il marcha toujours.

X

Nouvelle tentative.

Il marcha cent jours le long de ces mers sauvages devant lesquelles ne se creuse aucun port et ne flotte le feuillage d'aucun arbre, réduit pour apaiser sa faim à se nourrir de racines amères trouvées çà et là dans les lieux propices, quelquefois même à gratter la mousse des rochers, et bien heureux lorsqu'il découvrait un maigre coquillage; pour boisson il n'avait que l'eau des pluies, recueillie sur un morceau d'étoffe qui lui servait de ceinture et qu'il tordait au-dessus de sa bouche. Arrivé dans l'une des régions les plus tristes de cette triste Libye, à quelques lieues de Dernis, il voulut faire une nouvelle tentative pour s'engloutir au sein des flots et, au lieu de s'y précipiter, il y entra comme pour y prendre un bain, et s'avança aussi loin qu'il put, pendant deux ou trois lieues peut-être. Ses forces avaient disparu depuis longtemps qu'il nageait encore; enfin, il allait ou disparaître ou, épuisé, se reposer sur la vague, s'il ne devait pas périr; mais Dieu voulut qu'il reçût là une punition d'un nouveau genre : il permit au flot de s'ouvrir, Laquedem descendit sous les eaux, il eut l'espoir de s'y noyer, il ouvrit la bouche et attendit ; bientôt une douleur insurmontable lui fit oublier tout autre soin que le soin de sa vie, et il ressaisit le peu de forces qu'il possédait encore pour échapper à la mort. Fuyant le gouffre avec un effroi qui ressemblait à de la folie, il retrouva de la vigueur dans ses membres épuisés et il regagna le rivage avec plus de joie qu'il ne l'avait quitté.

XI

Le Juif errant veut se faire mourir de faim.

Il ne lui restait plus, après l'expérience de sa propre lâcheté, qu'un dernier effort à faire ; il le fit en restant trois grandes journées sans prendre aucune nourriture. Appellerai-je des forces les secrètes vigueurs qui le mettaient en état d'obéir à l'ordre du Christ ? Toujours est-il que le peu de forces que n'avaient pas détruites tant de luttes semblait s'affaisser. Il allait toujours en avant malgré cela, et, chose merveilleuse, jamais il n'avait marché d'un pas plus rapide ; il évita Cyrène et les villes de son empire, et, dans ces trois journées de jeûne, il fit peut-être deux cents lieues de route. Dans les derniers moments, il ne marchait plus, il volait au milieu des solitudes. Ainsi l'affaiblissement même, la disparition de ses forces ne le jetaient pas à terre, selon son espérance, et les douleurs de la faim étaient d'inutiles douleurs. Il fut encore vaincu, et vaincu d'autant plus outrageusement pour son orgueil, que ce fut lui qui chercha enfin la nourriture. Nulle herbe, nulle mousse ; Dieu lui cachait tout pour le punir. Au bout de quelque temps, il découvrit enfin une espèce de village qui avoisinait Leptis. Il y avait bien longtemps qu'il n'avait rencontré de figure humaine, et il ne savait trop comment s'adresser aux premières personnes qui se trouvaient sur son passage. Machinalement il fouilla dans sa poche au moment de demander du pain ; il en tira une monnaie de la Cyrénaïque qui lui procura ce dont il avait besoin.

XII

Le Juif errant marche toujours.

Et depuis ce temps il marche, accompagné du désespoir et du repentir.

C'est la nuit surtout que de grandes et effroyables images se lèvent devant lui. Dans les plaines désertes des continents inconnus, lorsque la lune fait glisser sur les nuages les rayons de sa douce lumière, cette lumière, si douce ici-bas sous les bosquets fleuris de mai dessine dans l'espace des tableaux pleins de terreur. C'est le Christ traînant sa croix et suivi de ses bourreaux qui maudit Laquedem ; c'est l'enfer et ses flammes au milieu desquelles sont englouties les générations des pécheurs ; enfin, c'est la scène du dernier jugement, resplendissant de nuage en nuage ; et au-dessus de ces peintures miraculeuses plane la croix éclatante.

D'autres fois le vent mugit, les forêts se courbent. Laquedem traverse alors les végétations épaisses de l'Inde et de l'Amérique. Il voit, dans ces nuits obscures, les arbres se diviser, s'animer, se grouper; c'est encore la même scène, le Christ qui plie sous la croix et veut se reposer. Les sapins du Nord se tordent et prennent des figures de damnés; les lianes du Brésil, les feuillages gigantesques des îles Australiennes sont les couleurs qui servent à ces mobiles peintures.

C'est aussi sur les crêtes des montagnes, c'est sur les crêtes des vagues que les profils terribles de ces drames silencieux se marquent, s'effacent et reparaissent. Il marche entre ces images, il entend sans cesse la voix vengeresse; il marche, il marche encore.

Pas de crime plus grand qu'un manque de pitié.
Ne repoussez jamais l'affligé qui vous prie.
La voix de la nature à toute heure vous crie :
« Miséricorde, amour, assistance, amitié! »

Et aussi nous dirons :

> Que le Juif errant existe
> Ou bien qu'il n'existe pas,
> Dans le voyage si triste
> Qu'il accomplit ici-bas,
> Voyez une austère image
> Du sort de l'humanité :
> L'homme sans cesse voyage
> Du moins bien vers le mieux : voilà la vérité.

TABLE.

	Pages
Préface.	I
Le Roi Dagobert	1
Geneviève de Brabant.	71
Robert le Diable	139
Jean de Paris.	201
Griselidis.	271
Le Juif errant.	295

FIN DE LA TABLE.

www.ingramcontent.com/pod-product-compliance
Lightning Source LLC
Chambersburg PA
CBHW060655170426
43199CB00012B/1804